本书系全国教育科学“十三五”规划2018年度单位资助教育部规划课题“生长教育可视化评价系统的开发与应用研究”（课题批准号：FHB180603，主持人：徐莹莹）阶段性成果之一。

教育可见 精彩生长

海城小学生长教育可视化评价系统应用指南

徐莹莹 陈永畅 ◎ 编著

哈尔滨出版社
HARBIN PUBLISHING HOUSE

图书在版编目（CIP）数据

教育可见，精彩生长：海城小学生长教育可视化评价系统应用指南 / 徐莹莹，陈永畅编著．—哈尔滨：哈尔滨出版社，2021.1

ISBN 978-7-5484-5861-6

Ⅰ．①教… Ⅱ．①徐… ②陈… Ⅲ．①小学教育—教育评估—指南 Ⅳ．① G622.47-62

中国版本图书馆 CIP 数据核字（2021）第 017334 号

书　　名：教育可见，精彩生长：海城小学生长教育可视化评价系统应用指南
JIAOYU KEJIAN，JINGCAI SHENGZHANG: HAICHENG XIAOXUE SHENGZHANG JIAOYU KESHIHUA PINGJIA XITONG YINGYONG ZHINAN

作　　者：徐莹莹　陈永畅　编著
责任编辑：曹雪娇
封面设计：笔墨书香

出版发行：哈尔滨出版社（Harbin Publishing House）
社　　址：哈尔滨市香坊区泰山路82-9号　**邮编：**150090
经　　销：全国新华书店
印　　刷：武汉颜沫印刷有限公司
网　　址：www.hrbcbs.com　www.mifengniao.com
E-mail：hrbcbs@yeah.net
编辑版权热线：（0451）87900271　87900272

开　　本：710mm×1000mm　1/16　**印张：**7.25　**字数：**115千字
版　　次：2021年1月第1版
印　　次：2022年8月第2次印刷
书　　号：ISBN 978-7-5484-5861-6
定　　价：46.00元

目 录

CONTENTS

第一章

系统概述

（一）系统概述

海城小学智慧管理应用系统以阿里钉钉为载体，用一个 APP 打通学校教学与管理各应用场景，不仅实现了统一基础数据、统一身份认证、兼容后续扩容，还解决了学校多个系统各自独立，入口不一、帐号不一、数据不共通，教师需记住多套域名网址、安装及切换多个 APP、教师实际应用效率较低等问题。

系统以现代学习科学理论为指导，以云端技术为手段，将“可视化”作为信息技术与教育融合的切入点，创建了“可见”的教育教学场景，通过多端互联、数据智能实现数据的互通互联、教育过程与生长历程可见。

系统以学生生长评价、教师生长评价为驱动，评价模型与学校办学目标深度融合，协同教学与管理各场景汇聚成校园基础数据中心，从而构建出学校的数据支撑体系，将学校办学特色及实践研究数据化、可视化，为学生的生长提供合适的轨迹，为教师的教育教学提供决策依据，促进教育教学从经验型向科学化逐步转变。

系统以海城学生生长园、海城教师生长园为数据呈现系统。系统通过可见的数据，为教师的教育教学提供科学的依据，为学生的生长提供合适的轨迹，丰富教育评价的过程性、主体性和主动性。基于校园可视化生长评价，无论是家长、教师还是学生都能从可见的数据中寻找到最佳的生长途径、方法。

系统以学业成绩评价、校内行为评价、晨检午检管理、班级生长评价、校外行为调查、社团活动评价、校园活动评价、学生期末评语、学校荣誉档案、教学常规检查、课表与调课、听课与评课、课题与论文、教师贡献填报、移动审批管理、考勤管理、校园文件管理、消息公告管理、会议记录管理等子系统构成数据采集及分析系统。以师生生长评价为驱动，建立一体化、移动化办公管理与教学服务系统，围绕简单、高效、安全、人性四个关键词，充分保障教师日常教学需要及各管理部门诉求，提升教育管理各部门办公效率及教师教学辅助的体验。

其中，学生生长评价系统让每位学生的生长过程用“树苗”的生长过程动态地、形象地可视化呈现，融入游戏中的晋级、趣味、虚拟现实等元素，以生长评价系统以为主，以称号系统、积分兑换系统为辅，通过家校合力记录学生的成长点滴，以达成把家校对儿童的教育教学过程与结果都转化为“可见”的种树能量，把教育对儿童从外部施加的作用力转化为他自身素养发展的内驱力，把单一、少维度的评价转化为多元、立体的评价，这样更加有利于儿童在丰富的课程学习中，平衡发展其核心素养。

评价模型与办学理念深度融合，校本特色数据化、可视化

（二）系统组成及整体布局

系统结合可视化的相关研究理论和方法进行设计，平衡技术与教育，通过可视化教育评价体系将抽象的评价“数据”具体化，形成可终身保留、能随时随地进行数据分析的生长历程 APP，用易于接受和理解的清晰“数据使得“教育教学可见，促进儿童生长”“管理可见，促进教师生长”，并以此加强学校、家庭和社会三力的联合，实现学生和家庭、教师和学校的持续生长，构建可视化的校园数据支撑体系。

基于钉钉，以师生生长评价为驱动，
一个APP打通教学与管理各应用场景

系统采用云部署，分为教师端 APP、家长端 APP、校园基础管理后台三部分，APP 支持 Android、IOS 的多种终端设备。教师端 APP 为学校专属的教师服务平台，用于辅助教师日常教学及日常办公，家长端 APP 可实时查阅孩子的生长评价报告及日常家校沟通。

系统以阿里钉钉为载体，先通过校园基础数据平台统一校园基础数据、统一身份认证、统一软硬件入口，再从智慧学习、教育科研、家校共育、校园管理、智能安防五大应用场景中，抓取各项教育教学数据，如学业成绩、创新学习、课外阅读、科研协作、课题管理、课堂诊断、家校互动、教学常规、德育量化等，并按照学校特有的评价模型生成海城学生生长园、海城教师生长园，从而为教师的教育教学提供决策依据。

海城学生生长园——学生评价维度

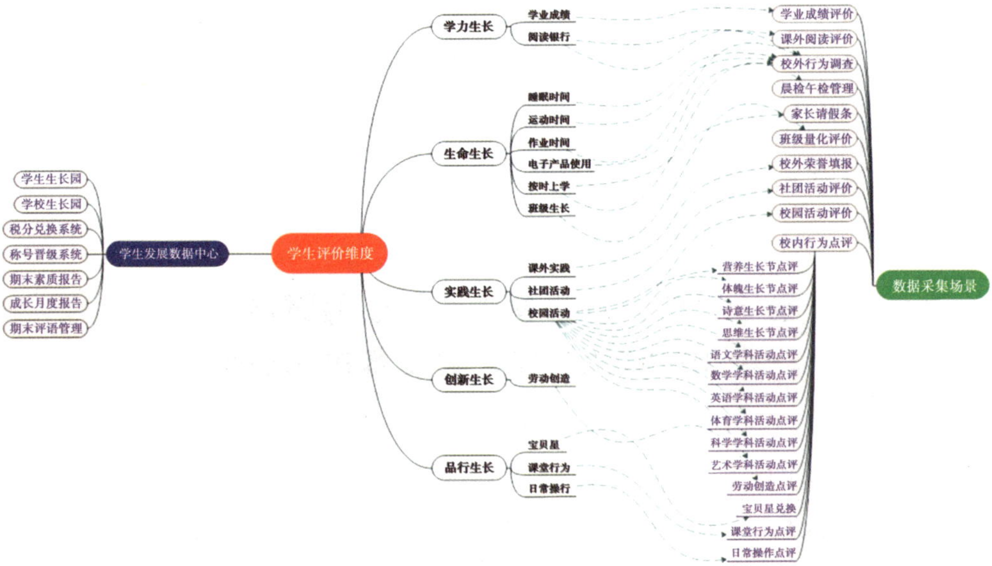

海城教师生长园——教师评价维度

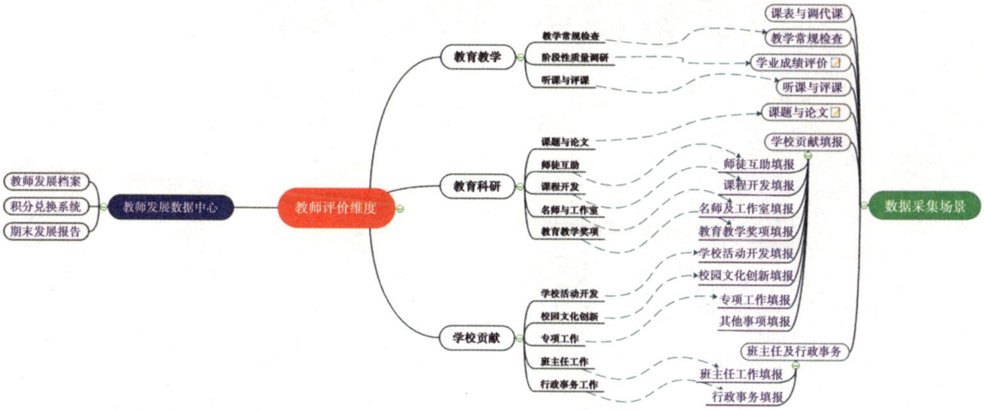

第二章

生长教育可视化数据中心

（一）海城学生生长园

1. 学生个人生长园

学生能将自己的生长历程记录在这个生长评价系统中，并且转化为“植树”活动，植树的“能量”来源于学校“学习实践、生活审美、解疑思创、家国情怀”四大生长素养的内涵衍生的生命生长、品行生长、学力生长、实践生长和创新生长 5 个板块，学生可以将在家和学校的优良表现都转化为这棵“树”的生长量能，让其逐步长成一棵可见的“大树”，并获取进阶式的荣誉称号，还可以用积分兑换各种有意思的奖券，从而实现了评价的可视化、任务型、激励式，让素养评价更加有趣味、有意义，更能直接作用于学生的主动发展，在一定程度上避免了让成人“强压式”管理学生，促进学生更加主动、自信、愉悦地“个性化”生长。这些学生生长的数据来源既是教育教学的依据所在，也是家长和教师进行教育教学修正的有利依据，主要功能如下：

（1）学生个人数据中心以系统的生长数据呈现该学生的生长状态；

（2）支持以可量化、可累计的生长能量数值体系来呈现学生的生长数据；

（3）支持以树的五种生长形态为视觉表现方式开展学生种树苗任务，生动形象地表现学生的生长状态与成果；

（4）支持以白天、夜晚不同的场景以及以交互式的动作采摘已收获的生长能量等方式，增强学生生长场景的沉浸感；

海城学生生长园——个人数据中心

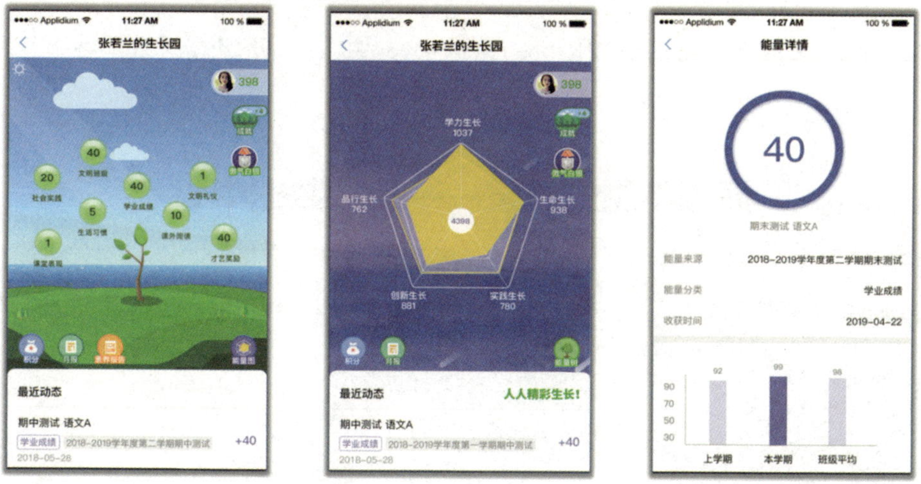

（5）支持以可视化图表呈现该学生的生命生长、品行生长、学力生长、实践生长、创新生长五大生长能量来源的分布状况，进而表现学生的生长状态；

（6）支持以可视化图表呈现该学生的生长能量分布状况与所在班级平均水平的差异情况；

（7）支持快速查阅该学生最近的几条生长能量收获动态，了解该生的最近生长动态；

（8）支持按时间顺序以生命生长、品行生长、学力生长、实践生长、创新生长五个大类及学业成绩、课外阅读、按时上学、班级生长、作业时间、运动时间、睡眠时间、电子产品使用时间、校园活动、社团活动、课外实践、创新行为、课堂行为、日常操行、宝贝星等 15 个小类查阅该学生的所有生长能量收获动态；

（9）支持在查阅该学生的生长能量动态时，了解生长能量收获的详情，如：收获了哪个类别的生长能量、多少生长能量、来自哪项事件，以及收获生长能量的具体因由，以呈现该学生的生长历程；

（10）支持快速查阅该学生所在班级生长能量排行榜前 10 名学生名单；

（11）支持查阅该学生所在班级同学数据中心的生长数据，如：生长能量数值、生长能量分布图表、生长能量最近动态，以及两人生长能量 PK 数值；

（12）支持查看自己所在班级的数据中心数据，如班级总人数、各级别称号获得情况、班级成员各自的生长能量数值及排行。

海城学生生长园——班级数据中心

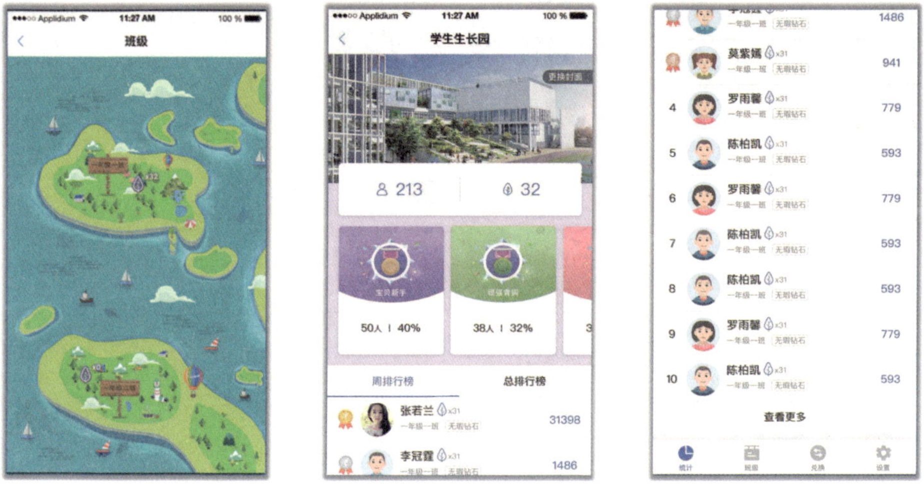

2. 积分兑换模块

（1）以学生能量汇集中心的能量系统数据为依托，按照后台规则计算并呈现该学生的道具积分；

（2）支持用户查阅学生可兑换的道具及兑换所需要的积分，呈现的道具包含：作业免写券、零食券、游戏券、礼品券、早餐券、照片券、免罚券；各道具用途及兑换条件如下：

①作业免写券：免写作业一次，3000 积分可兑换；

②共进早餐券：与老师共进早餐一次，3000 积分可兑换；

③礼品券：领取 1 分礼品，3000 积分可兑换；

④零食券：领取 1 份零食，3000 积分可兑换；

⑤免罚券：免惩罚一次，3000 积分可兑换；

⑥游戏券：获取 1 次游戏机会，3000 积分可兑换；

⑦照片券：获得 1 次照相机会，3000 积分可兑换；

海城学生生长园——积分兑换系统

（3）支持用户自主兑换相应的虚拟道具，兑换成功后扣除相应的道具积分，学生兑换的道具可在平时的学校学习生活中与老师进行互动；

（4）支持查阅该学生的积分获得及兑换记录；

（5）支持查阅该学生的道具背包中道具的拥有数量及道具使用记录。

3. 称号晋级模块

（1）以学生个人能量汇聚中心的能量系统数据为依托，呈现学生的生长成果；

（2）支持以可视化图标呈现学校小学学生生长的五种成就称号，依次为：宝贝新手、顽强青铜、傲气白银、聪慧黄金、无瑕钻石。各称号获取途径如下：

①能量值在 0–999 时，获得宝贝新手称号；

②能量值达到 1000 时，获得顽强青铜一阶称号；

③能量值达到 2000 时，获得顽强青铜二阶称号；

④能量值达到 3000 时，获得顽强青铜三阶称号，且三阶称号自动转换为傲气白银一阶称号；

⑤能量值达到 6000 时，获得傲气白银二阶称号；

⑥能量值达到 9000 时，获得傲气白银三阶称号，且三阶称号自动转换为聪慧黄金一阶称号；

⑦能量值达到 18000 时，获得聪慧黄金二阶称号；

⑧能量值达到 27000 时，获得无瑕钻石称号；

海城学生生长园——称号晋级系统

称号
张若兰
一年级1班
傲气白银 一阶
1. 孩子收获能量的同时，自动获得对应的海城称号；
2. 能量值在0-999时，获得宝贝星称号；
能量值达1000时，获得铜星一阶称号；
能量值达2000时，获得铜星二阶称号；
能量值达3000时，获得铜星三阶称号；
（自动转换为银星一阶）
能量值达6000时，获得银星二阶称号；
能量值达9000时，获得银星三阶称号；
（自动转换为金星一阶）
能量值达18000时，获得金星二阶称号；
能量值达27000时，获得金星三阶称号；
（自动转换为校长星）

支持自动统计各类称号的学生数量，以及称号分布百分比。

4. 学生生长素养报告

（1）当学期结束时，系统自动汇总当前学期各学生能量总值，并生成学生的个人生长素养报告；

（2）支持查看各学生本学期内收获的总能值及各评价维度（如：生命生长、品行生长、学力生长、实践生长、创新生长）能量值收获状况；

（3）系统自动汇总学期内的能量值数据，并生成班级平均能量对比图、学期能量对比图；

（4）支持查看各评价维度详情。

海城学生生长园——生长素养报告（1）

（5）学力生长

①支持查看本学期学力生长方面收获的能量值；

②支持查看学业成绩和阅读评价收获的能量值及占比；

③支持查看学力生长模块班级平均能量对比图、学期能量对比图，了解能量值的提升或降低；

④学业成绩

海城学生生长园——生长素养报告（2）

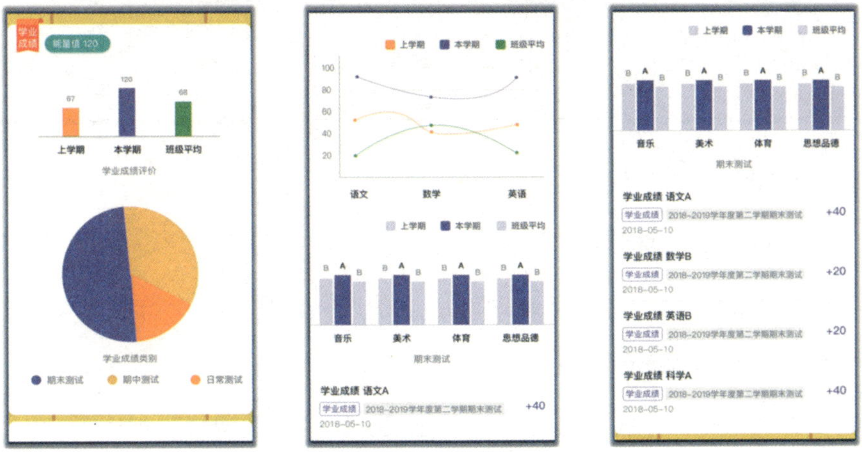

支持查看学生在学业成绩方面收获的能量总值；系统自动统计学业成绩数据，并生成学业成绩分析图，支持查看各学科本学期得分、上学期得分、班级平均分的对比数据；

⑤阅读银行

支持查看学生在阅读评价方面方面收获的能量总值；

支持查看童话故事、科普读物、绘本、小说、其他等类型课外书目的阅读数量及占比分析；

系统自动统计阅读评价数据，并生成阅读书目类型分析图，支持查看各类型书目的本学期阅读数、上学期阅读数、班级平均数的对比数据；

支持查看本学期阅读总数，及课外书的名称、类型、阅读时间。

海城学生生长园——生长素养报告（3）

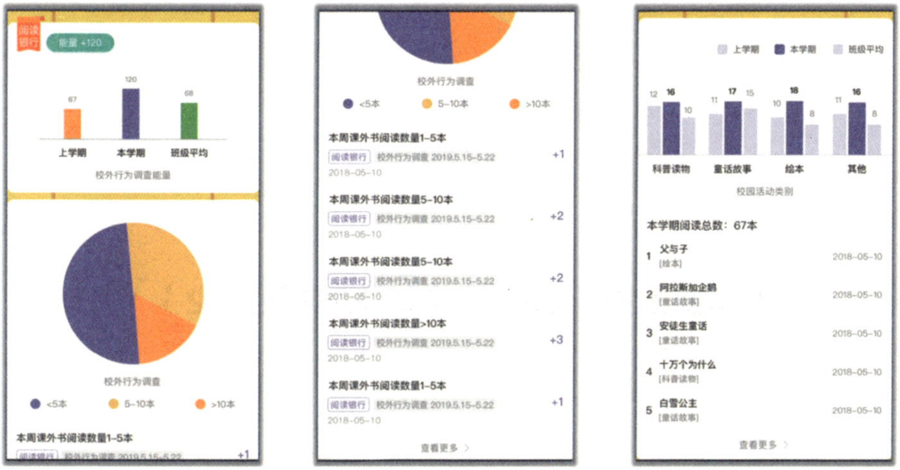

（6）生命生长

①支持查看本学期生命生长方面收获的能量值；

②支持查看睡眠时间、运动时间、电子产品使用时间、作业时间、按时上学、班级生长等方面的能量值及占比；

③支持查看生命生长模块班级平均能量对比图、学期能量对比图；

④睡眠时间

支持查看睡眠时间方面收获的能量值；

支持查看睡眠时间（<1h、1–2h、>2h）能量及占比情况；

系统自动统计睡眠时间数据，并生成睡眠时间能量分析图，支持查看本学期收获的能量值、上学期收获的能量值、班级平均收获的能量值的对比数据；

⑤运动时间

支持查看运动时间方面收获的能量值；

支持查看运动时间（<1h、1–2h、>2h）能量及占比情况；

系统自动统计运动时间数据，并生成运动时间分析图，支持查看本学期收获的能量值、上学期收获的能量值、班级平均收获的能量值的对比数据；

海城学生生长园——生长素养报告（4）

⑥作业时间

支持查看作业时间方面收获的能量值；

支持查看作业时间（<1h、1–2h、>2h）能量及占比情况；

系统自动统计作业时间数据，并生成作业时间分析图，支持查看本学期收获的能量值、上学期收获的能量值、班级平均收获的能量值的对比数据；

⑦电子产品使用时间

支持查看电子产品使用时间方面收获的能量值；

支持查看电子产品使用时间（<1h、1–2h、>2h）能量及占比情况；

系统自动统计电子产品使用时间数据，并生成电子产品使用时间分析图，支持查看本学期收获的能量值、上学期收获的能量值、班级平均收获的能量值的对比数据；

⑧按时上学

支持查看按时上学方面收获的能量值；

系统自动统计按时上学方面的数据，并生成按时上学能量分析图，支持查看本学期收获的能量值、上学期收获的能量值、班级平均收获的能量值的对比数据；

海城学生生长园——生长素养报告（5）

⑨班级生长

支持查看班级生长方面收获的能量值；

支持查看自己所在班级收获的常规生长动力班级及常规生长璀璨班级等

称号记录；系统自动统计班级生长方面的数据，并生成班级生长分析图，支持查看本学期收获的能量值、上学期收获的能量值、班级平均收获的能量值的对比数据。

（7）实践生长

海城学生生长园——生长素养报告（6）

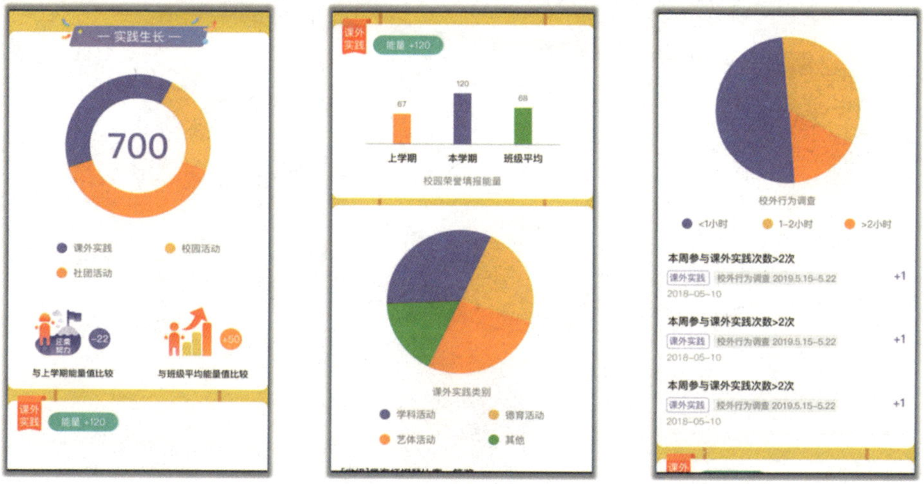

①支持查看本学期实践生长方面收获的能量值；

②支持查看校外荣誉、社团活动、校园活动方面的能量值及占比；

③支持查看校外荣誉、社团活动、校园活动方面班级平均能量对比图、学期能量对比图；

④校外荣誉

支持查看校外荣誉方面收获的能量值；

支持查看各荣誉类别（学科活动、德育活动、艺体活动、其他等）的次数及占比情况；

系统自动统计校外荣誉数据，并生成校外荣誉分析图，支持查看本学期收获的能量值、上学期收获的能量值、班级平均收获的能量值的对比数据；

支持查看校外荣誉的获奖记录，如奖项名称、奖项级别、奖项等级、时间等；

⑤社团活动

支持查看社团活动方面收获的能量值；

支持查看学生加入的社团名称；

海城学生生长园——生长素养报告（7）

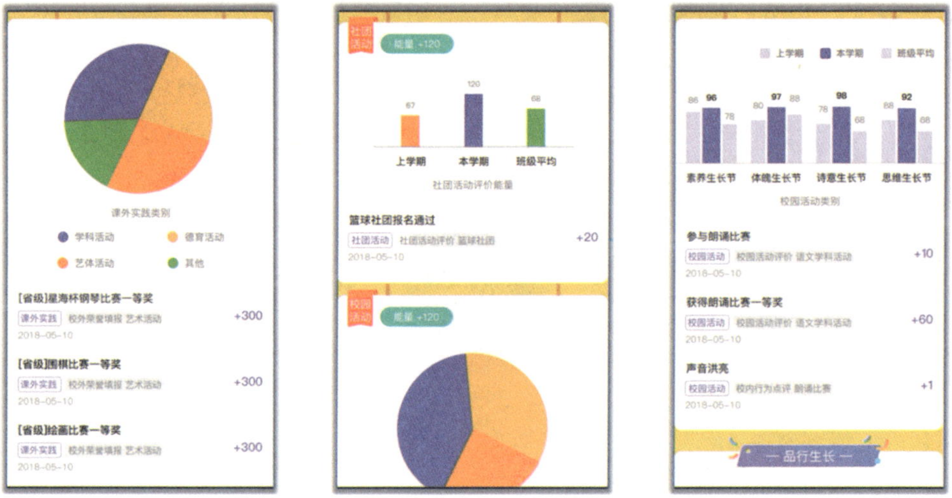

⑥校园活动：

支持查看校园活动方面收获的能量值；

支持查看各校园活动（如：语文学科活动、数学学科活动、英语学科活动、体育学科活动、科学学科活动、艺术学科活动等）的能量及占比情况；

系统自动统计校园活动数据，并生成校园活动分析图，支持查看本学期收获的能量值、上学期收获的能量值、班级平均收获的能量值的对比数据；

支持查看校园活动的获奖记录，如：活动名称、奖项等级、时间等。

（8）创新生长

①创新行为

支持查看创新行为方面收获的能量值；支持查看创新行为中各点评标签

（如：善于发现问题、有解决问题的兴趣、能制定合理的解决方案、有在复杂环境中行动的能力、有学习技术的兴趣、有工程思维、善于创造和改造物品）的使用次数及占比情况；支持查看本学期收获的能量值、上学期收获的能量值、班级平均收获的能量值的对比数据。

（9）品行生长

海城学生生长园——生长素养报告（8）

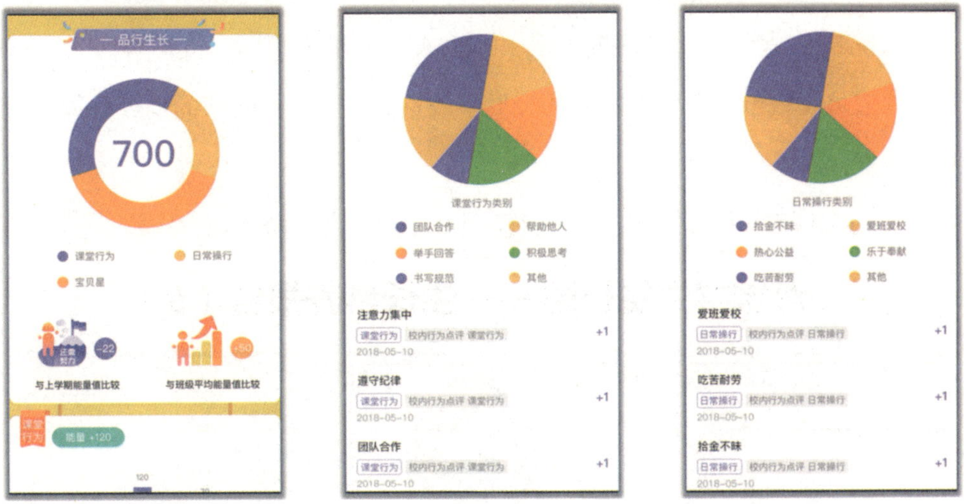

①支持查看本品行生长方面收获的能量值；

②支持查看宝贝星、课堂行为、日常操行方面的能量值及占比；

③支持查看操行评价模块班级平均能量对比图、学期能量对比图；

④课堂行为

支持查看课堂行为方面收获的能量总值；

支持查看团队合作、帮助他人、举手回答、积极思考、遵守纪律、其他等课堂行为标签的点评次数及分布占比；

系统自动统计课堂行为数据，并生成课堂行为分析图，支持查看本学期收获的能量值、上学期收获的能量值、班级平均收获的能量值的对比数据；

⑤日常操行

支持查看日常操行方面收获的能量总值；

支持查看讲卫生、不打闹、文明礼貌、帮助他人等日常操行标签的点评次数及分布占比；

系统自动统计日常操行数据，并生成日常操行分析图，支持查看本学期收获的能量值、上学期收获的能量值、班级平均收获的能量值的对比数据；

⑥宝贝星

系统自动统计宝贝星评价数据，并生成宝贝星分析图，支持查看本学期收获的宝贝星数量、上学期收获的宝贝星数量、班级平均收获的宝贝星数量的对比数据；

（10）期末寄语：支持汇总、查看学生、家长、教师的期末寄语。

海城学生生长园——生长素养报告（9）

5. 学生月度生长报告

（1）支持切换月份查看学生每个月的生长报告；

（2）支持查看学生每个月在阅读银行、作业时间、睡眠时间、运动时间、电子产品使用时间、按时上学、班级生长、校外荣誉、社团活动、校园活动、创新行为、宝贝星、课堂行为、日常操行等方面收获的能量值及能量占比情况；

（3）系统自动统计每个月的能量值数据，并生成与上个月能量值对比图、与班级平均能量值对比图；

海城学生生长园——学生生长月报（1）

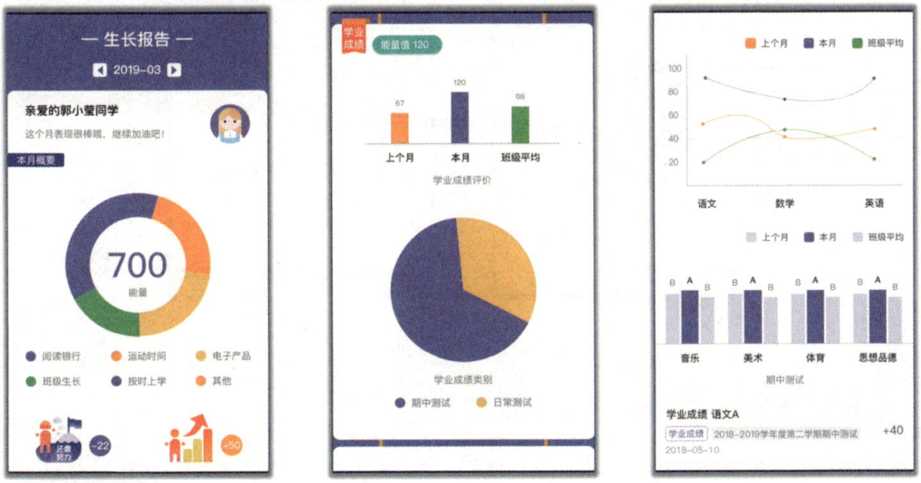

（4）阅读银行

①支持查看学生在阅读银行方面收获的能量总值；

②支持查看童话故事、科普读物、绘本、小说、其他等类型课外书目的阅读数量及占比分析；

③系统自动统计阅读银行数据，并生成阅读书目类型分析图，支持查看各类型书目的本月阅读数、上个月阅读数、本月班级平均阅读数的对比数据；

④支持查看本学期课外书阅读记录（课外书的名称、类型、阅读时间）；

（5）睡眠时间

①支持查看睡眠时间方面收获的能量值；

②支持查看睡眠时间（<1h、1–2h、>2h）各时间段能量及占比情况；

③系统自动统计睡眠时间数据，并生成睡眠时间分析图，支持查看本月收获的能量值、上个月收获的能量值、本月班级平均收获的能量值的对比数据。

海城学生生长园——学生生长月报（2）

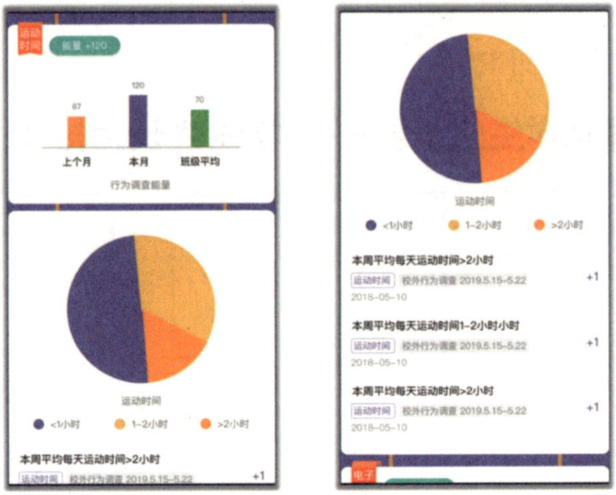

（6）运动时间

①支持查看运动时间方面收获的能量值；

②支持查看运动时间（<1h、1–2h、>2h）各时间段能量及占比情况；

③系统自动统计运动时间数据，并生成运动时间分析图，支持查看本月收获的能量值、上个月收获的能量值、本月班级平均收获的能量值的对比数据。

（7）作业时间

①支持查看作业时间方面收获的能量值；

②支持查看作业时间（<1h、1–2h、>2h）各时间段能量及占比情况；

③系统自动统计作业时间数据，并生成作业时间分析图，支持查看本月收获的能量值、上个月收获的能量值、本月班级收获的能量值的对比数据。

（8）电子产品使用时间

①支持查看电子产品使用时间方面收获的能量值；

②支持查看电子产品使用时间（<1h、1–2h、>2h）各时间段能量及占比情况；

③系统自动统计电子产品使用时间数据，并生成电子产品使用时间分析图，支持查看本月收获的能量值、上个月收获的能量值、本月班级平均收获的

能量值的对比数据。

（9）按时上学

①支持查看按时上学方面收获的能量值；

②系统自动统计按时上学方面的数据，并生成按时上学分析图，支持查看本月收获的能量值、上个月收获的能量值、本月班级平均收获的能量值的对比数据。

（10）班级生长

①支持查看班级生长方面收获的能量值；

②支持查看自己所在班级收获的称号，如："常规生长动力班级"及"常规生长璀璨班级"等；

③系统自动统计班级生长方面的数据，并生成班级生长分析图，支持查看本月学生所在班级获得称号的情况。

海城学生生长园——学生生长月报（3）

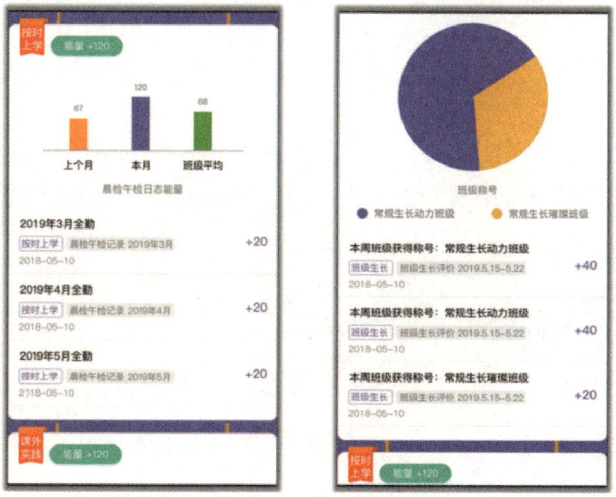

（11）校外荣誉：支持查看校外荣誉方面收获的能量值；支持查看各荣誉类型方面本月收获的能量、上个月收获的能量值、本月班级平均收获的能量值对比情况；支持查看校外荣誉的获奖记录，如：奖项名称、奖项级别、奖项等级、

时间等；

（12）社团活动：支持查看社团活动方面收获的能量值；支持查看学生加入的社团名称；

海城学生生长园——学生生长月报（4）

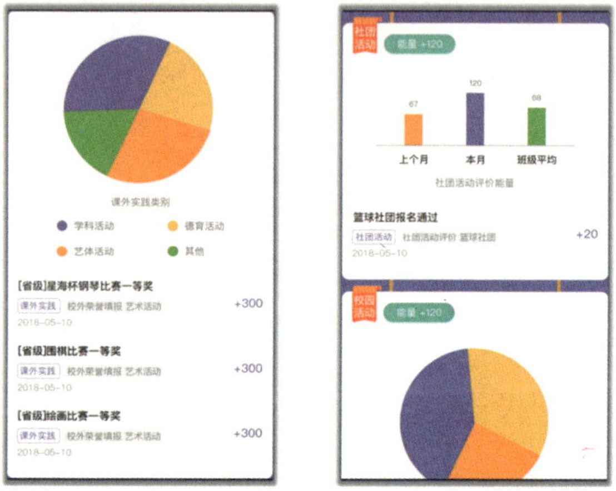

（13）校园活动

①支持查看校园活动方面收获的能量值；

②支持查看各活动类型方面在本月收获的能量、上个月收获的能量值、本月班级平均收获的能量值对比情况；

③支持查看校园活动的获奖记录，如：活动名称、奖项等级、时间等。

（14）创新行为

①支持查看创新行为方面收获的能量值；

②支持查看创新行为中各点评标签（如：善于发现问题、有解决问题的兴趣、能制定合理的解决方案、有在复杂环境中行动的能力、有学习技术的兴趣、有工程思维、善于创造和改造物品积极主动、桌椅整齐、热爱劳动、干净卫生等）的使用次数及占比情况；

③系统自动统计创新行为数据，并生成创新行为分析图，支持查看本月收获的能量值、上个月收获的能量值、本月班级平均收获的能量值的对比数据。

（15）课堂行为

①支持查看被点评的课堂行为方面收获的能量总值；

②支持查看团队合作、帮助他人、举手回答、积极思考、遵守纪律、其他等课堂行为标签的点评次数及分布占比；

③系统自动统计课堂行为数据，并生成课堂行为分析图，支持查看本月收获的能量值、上个月收获的能量值、本月班级平均收获的能量值的对比数据。

（16）日常操行

①支持查看被点评的日常操行方面收获的能量总值；

②支持查看讲卫生、不打闹、文明礼貌等日常操行标签的点评次数及分布占比；

③系统自动统计日常操行数据，并生成日常操行分析图，支持查看本月收获的能量值、上个月收获的能量值、本月班级平均收获的能量值的对比数据。

海城学生生长园——学生生长月报（5）

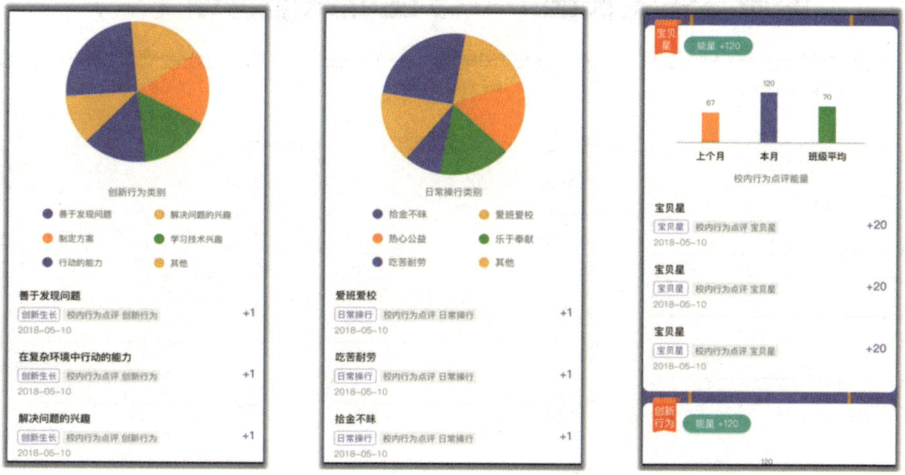

（17）宝贝星

①系统自动统计宝贝星评价数据，并生成宝贝星分析图，支持查看本月获得宝贝星数量、上个月获得宝贝星数量期平均值、本月班级平均获得宝贝星

数量的对比数据；

②支持查看本月宝贝星获得的记录。

6. 学生端能量值管理模块

（1）与学业成绩模块相关联，考试分为校级考试和个人考试，校级考试中包含常规考试、期中考试和期末考试；各项考试中 A 等级可获得 40 能量值，B 等级可获得 20 能量值，C 等级可获得 10 能量值，D 等级可获得 5 能量值；

（2）与晨检午检模块相关联，一个月内全勤的学生获得 20 点能量值；有事假和病假记录的学生不发放能量值；

（3）与班级生长模块相关联，班级生长评价中，根据评价得分，每月派发一次称号奖励，如：各年级得分最高的 2 个班级获得“常规生长动力班级”称号，剩余班级获得“常规生长璀璨班级”称号；获得“常规生长动力班级”称号的班级，班级中每位学生自动获得 40 能量值，获得“常规生长璀璨班级”称号的班级，班级中每位学生自动获得 20 能量值；

海城学生生长园——学生能量值管理（1）

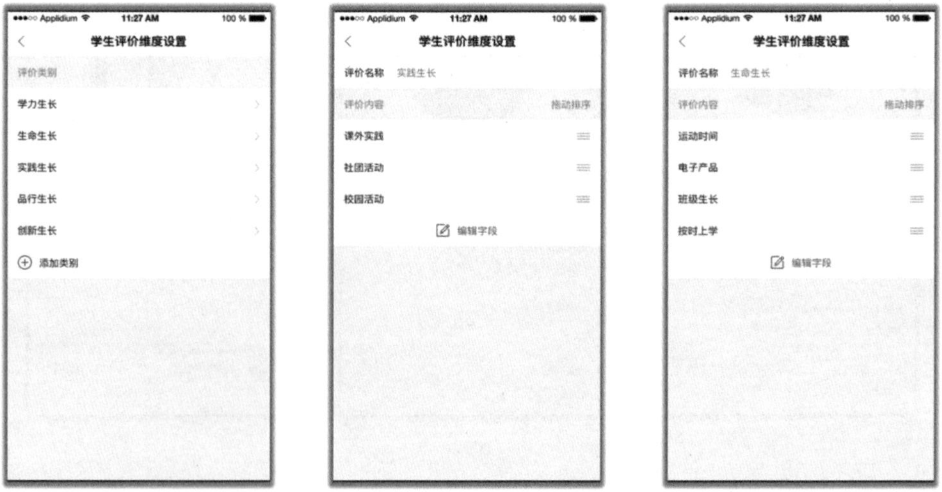

（4）与校内行为点评模块相关联，不同点评场景下的点评标签，点评后奖励的能量值不同。如：

创新行为：善于发现问题可获得 1 点能量值、有解决问题的兴趣可获得 1 点能量值、能制定合理的解决方案可获得 1 点能量值、有在复杂环境中行动的能力可获得 1 点能量值、有学习技术的兴趣可获得 1 点能量值、有工程思维可获得 1 点能量值、善于创造和改造物品可获得 1 点能量值；

课堂行为：积极答问可获得 1 点能量值、聚精会神可获得 1 点能量值、坐姿端正可获得 1 点能量值、出口成章可获得 1 点能量值、集思广益可获得 1 点能量值、妙笔生花可获得 1 点能量值、奇思妙想可获得 1 点能量值、声情并茂可获得 1 点能量值、上课认责听讲可获得 1 点能量值、小组认真讨论可获得 1 点能量值；

日常操行：成绩进步可获得 2 点能量值、按时完成作业可获得 1 点能量值、礼貌问好可获得 1 点能量值、活泼开朗可获得 1 点能量值、拾金不昧可获得 2 点能量值、乐于助人可获得 1 点能量值。

（5）宝贝星：表现优异时可奖励一颗宝贝星，即奖励 20 能量值；

（6）实现学生能量类别的管理；支持自定义能量的类别名称；

海城学生生长园——学生能量值管理（2）

（7）实现各类能量数值的管理；支持自定义设定相关能量量获取数值。

海城学生生长园——学生能量值管理（3）

（二）海城教师生长园

1. 教师个人数据中心

（1）教师个人数据中心以系统的生长数据呈现该教师的发展状况；

（2）支持以可量化、可累计的生长能量数值体系来呈现教师的发展状况；

（3）支持以花的五种生长形态为视觉表现方式开展教师种花任务，生动形象地表现教师的发展状况与成果；

（4）支持以交互式的动作采摘已收获的生长能量等方式，增强教师的沉浸感；

（5）支持以可视化图表呈现该教师的教育教学、教育科研、学校贡献、其他四大生长能量来源的分布状况，进而表现教师的发展状况；

（6）支持快速查阅该教师最近的几条生长能量收获动态，以了解该教师最近的发展状况；

海城教师生长园——个人数据中心（1）

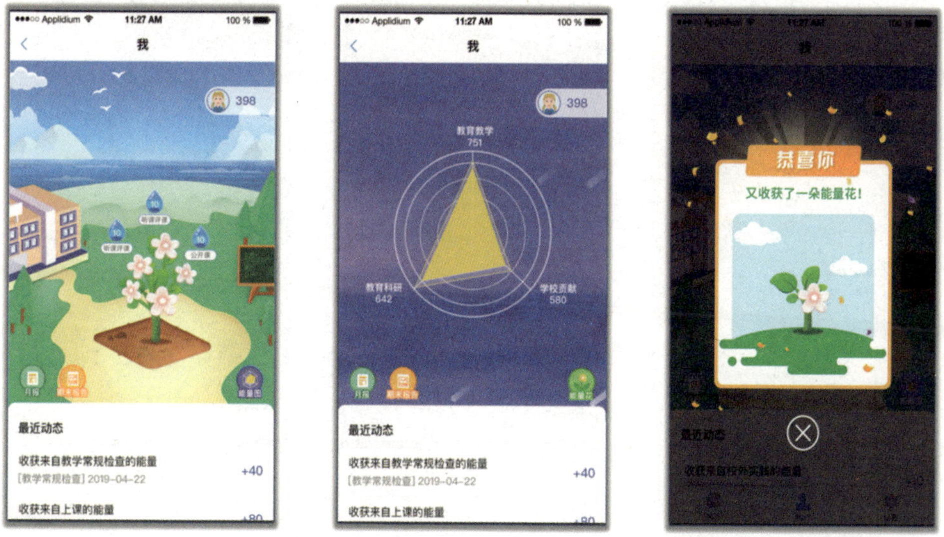

（7）支持按时间顺序以教育教学、教育科研、学校贡献、其他四个大类及教学常规检查、阶段性质量调研、听课与评课、课题与论文、师徒互助、课程开发、名师与工作室、教育教学奖项、学校活动开发、校园文化创新、专项工作、班主任工作、其他等 13 个小类查阅该教师所有的生长能量收获动态；

（8）支持在查阅该教师的生长能量动态时，了解生长能量收获的详情，如：收获了哪个类别的生长能量、多少生长能量、来自哪项事件，以及收获成生长能量的具体因由，以呈现该教师的发展历程；

（9）支持查阅其他教师的生长数据，如：生长能量数值、生长能量分布图表、生长能量最近动态，以及两人生长能量 PK 数值；

（10）支持查看学校数据中心数据，如教师总人数、教师各自的生长能量数值及排行。

海城教师生长园——个人数据中心（2）

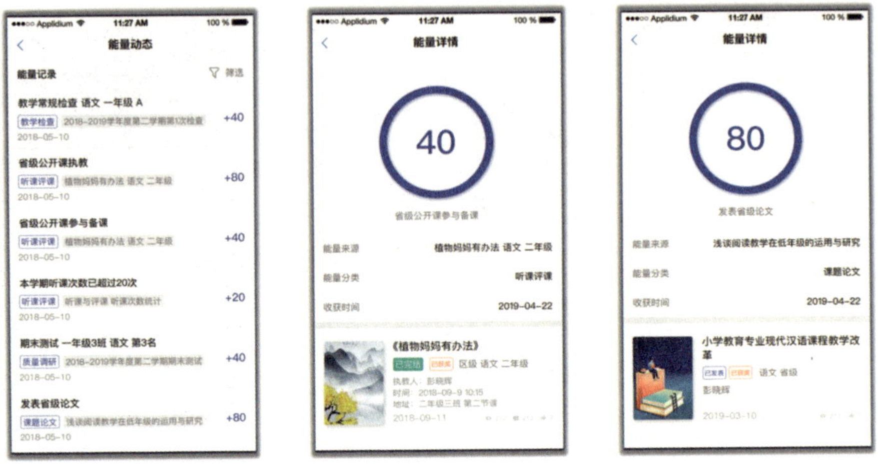

2. 教师学校数据中心

（1）支持查阅全校教师的概要生长数据，如：学校教师总人数；教师总种花朵数；种花数量的分布统计图；教师生长能量获取排行榜；

（2）支持查阅各教师的详细发展数据；

（3）支持以花的五种生长形态为视觉表现方式，生动形象地表现教师的发展状况与成果；

（4）支持以可视化图表呈现该教师的教育教学、教育科研、学校贡献、其他四大生长能量来源的分布状况，进而表现教师的发展状况；

（5）支持快速查阅该教师最近的几条生长能量收获动态，以了解该教师最近的发展状况；

（6）支持按时间顺序以教育教学、教育科研、学校贡献、其他四个大类及教学常规检查、阶段性质量调研、听课与评课、课题与论文、师徒互助、课程开发、名师与工作室、教育教学奖项、学校活动开发、校园文化创新、专项工作、班主任工作、其他等 13 个小类查阅该教师所有的生长能量收获动态；

（7）支持在查阅该教师的生长能量动态时，了解生长能量收获的详情，如：收获了哪个类别的生长能量、多少生长能量、来自哪项事件，以及收获成生长能量的具体因由，以呈现该教师的生长历程。

海城教师生长园——学校数据中心

3. 教师阶段性生长报告（期末）

（1）当学期结束时，系统自动汇总当前学期各教师能量总值，并生成教师期末生长报告；

海城教师生长园——期末生长报告（1）

（2）支持查看各教师本学期内收获的总能值及各评价维度（如：教育教学、教育科研、学校贡献、其他）能量值收获状况；

（3）系统自动汇总学期内的能量值数据，并生成学校平均能量对比图；

（4）支持查看各评价维度详情；

（5）教育教学

①支持查看本学期教育教学方面收获的能量值；

②支持查看教学常规检查、阶段性质量调研、听课与评课收获的能量值及占比；

③支持查看教育教学模块教师平均能量对比图、学期能量对比图，了解能量值的提升或降低；

④教学常规检查：支持查看教师在教学常规检查方面收获的能量总值；系统自动统计显示历次教学常规检查数据；

⑤阶段性质量调研：支持查看教师在阶段性质量调研方面收获的能量总值；支持查看本学期阶段性质量调研的结果数据；

⑥听课与评课：支持查看教师在听课与评课方面收获的能量总值；支持查看本学期听课与评课的统计数据：听评课节次、上公开课节次、公开课获奖信息等。

（6）教育科研

①支持查看本学期教育科研方面收获的能量值；

②支持查看课题与论文、师徒互助、课程开发、名师与工作室、教育教学奖项收获的能量值及占比；

③支持查看教育科研模块教师平均能量对比图、学期能量对比图，了解能量值的提升或降低；

④课题与论文：支持查看教师在课题与论文方面收获的能量总值；支持查看本学期课题与论文的统计数据：论文发表信息、论文获奖信息、参与课题信息等；

⑤师徒互助：支持查看教师在师徒互助方面收获的能量总值；支持查看本学期师徒互助的结果数据；

⑥课程开发：支持查看教师在课程开发方面收获的能量总值；支持查看本

学期课程开发的统计数据；

海城教师生长园——期末生长报告（2）

⑦名师与工作室：支持查看教师在名师与工作室方面收获的能量总值；支持查看本学期名师与工作室的统计数据；

⑧教育教学奖项：支持查看教师在教育教学奖项方面收获的能量总值；支持查看本学期教育教学奖项的统计数据：历次奖项名称、级别、组织单位及相关参与人等。

海城教师生长园——期末生长报告（3）

海城教师生长园——期末生长报告（4）

（7）学校贡献

①支持查看本学期学校贡献方面收获的能量值；

②支持查看学校活动开发、校园文化创新、专项工作、班主任工作收获的能量值及占比；

③支持查看学校贡献模块教师平均能量对比图、学期能量对比图，了解能量值的提升或降低。

海城教师生长园——期末生长报告（5）

④学校活动开发：支持查看教师在学校活动开发方面收获的能量总值；支持查看本学期学校活动开发的统计数据；

⑤校园文化创新：支持查看教师在校园文化创新方面收获的能量总值；支持查看本学期校园文化创新的结果数据；

⑥专项工作：支持查看教师在专项工作方面收获的能量总值；支持查看本学期专项工作的统计数据；

⑦班主任工作：支持查看教师在班主任工作方面收获的能量总值；支持查看本学期班主任工作的统计数据。

4. 教师阶段性生长报告（月报）

（1）支持切换月份查看教师每个月的生长报告；

（2）支持查看教师每月在教学常规检查、阶段性质量调研、听课与评课、课题与论文、师徒互助、课程开发、名师与工作室、教育教学奖项、学校活动开发、校园文化创新、专项工作、班主任工作、其他等 13 个小类的生长能量收获动态，并生成月报表；

海城教师生长园——教师生长月报（1）

（3）系统自动统计每个月的能量值数据，并生成与上个月能量值对比图、与班级平均能量值对比图；

（4）教学常规检查：支持查看教师在教学常规检查方面收获的能量总值；系统自动统计显示历次教学常规检查数据；

（5）阶段性质量调研：支持查看教师在阶段性质量调研方面收获的能量总值；支持查看本学期阶段性质量调研的结果数据；

（6）听课与评课：支持查看教师在听课与评课方面收获的能量总值；支持查看本学期听课与评课的统计数据：听评课节次、上公开课节次、公开课获奖信息等；

海城教师生长园——教师生长月报（2）

（7）课题与论文：支持查看教师在课题与论文方面收获的能量总值；支持查看本学期课题与论文的统计数据：论文发表信息、论文获奖信息、参与课题信息等；

（8）师徒互助：支持查看教师在师徒互助方面收获的能量总值；支持查看本学期师徒互助的结果数据；

海城教师生长园——教师生长月报（3）

（9）课程开发：支持查看教师在课程开发方面收获的能量总值；支持查看本学期课程开发的统计数据；

（10）名师与工作室：支持查看教师在名师与工作室方面收获的能量总值；支持查看本学期名师与工作室的统计数据；

（11）教育教学奖项：支持查看教师在教育教学奖项方面收获的能量总值；支持查看本学期教育教学奖项的统计数据：历次奖项名称、级别、组织单位及相关参与人等；

（12）学校活动开发：支持查看教师在学校活动开发方面收获的能量总值；支持查看本学期学校活动开发的统计数据；

（13）校园文化创新：支持查看教师在校园文化创新方面收获的能量总值；支持查看本学期校园文化创新的结果数据；

（14）专项工作：支持查看教师在专项工作方面收获的能量总值；支持查看本学期专项工作的统计数据；

（15）班主任工作：支持查看教师在班主任工作方面收获的能量总值；支持查看本学期班主任工作的统计数据。

海城教师生长园——教师生长月报（4）

5. 教师端能量值管理模块

（1）与教学常规检查模块相关联，系统根据每次教学常规检查评分结果自动发放能量，等级 A 为教师发放 40 能量值，等级 B 为教师发放 30 能量值，等级 C 为教师发放 20 能量值，等级 D 为教师发放 10 能量值；

（2）与听课评课模块相关联，教师每学期听课达 20 次及以上发放 20 能量值；教师每上一次公开课，按公开课级别发放能量：省级及以上公开课发放 80 能量值、市级公开课发放 60 能量值、区级公开课发放 40 能量值、校级公开课发放 20 能量值；教师每参与一次公开课备课，按公开课级别发放能量：省级及以上发放 40 能量值、市级发放 30 能量值、区级发放 20 能量值、校级发放 10 能量值；

（3）与学业成绩模块相关联，期末考试结束后，系统自动统计各班级各学科的平均分，平均分第名发放 60 能量值、平均分第二名发放 50 能量值、平均分第三名发放 40 能量值、平均分第四名发放 30 能量值、平均分第五名发放 20 能量值；

海城教师生长园——教师能量管理（1）

（4）与课题与论文模块相关联，教师每发表一篇论文，按发表级别发放能量值：在省级及以上刊物发表发放 80 能量值，在市级刊物发表发放 60 能量值，在区级刊物发表发放 40 能量值，在校级刊物发表发放 20 能量值；教师每辅导他人发表一篇论文，按发表级别发放能量值：在省级及以上刊物发表发放 40 能量值，在市级刊物发表发放 30 能量值，在区级刊物发表发放 20 能量值，在校级刊物发表发放 10 能量值；教师每负责一项课题，按课题级别发放能量值：负责国家级课题发放 100 能量、负责省级课题发放 80 能量、负责市级课题发放 60 能量、负责校级课题发放 40 能量；教师每参与一项课题，按课题级别发放能量值：参与国家级课题发放 80 能量、参与省级课题发放 60 能量、参与市级课题发放 40 能量、参与校级课题发放 20 能量；

（5）与学校贡献填报模块相关联，系统在学校贡献填报通过审核后，自动为相应教师发放能量值：完成师徒结对的教师，师傅发放 60 能量值，徒弟发放 30 能量值；教师新增一次课程开发记录，负责人发放 40 能量值，参与人发放 20 能量值；教师成为校级及以上名师，按级别发放能量：省级及以上名师发放 80 能量值、市级名师发放 60 能量值、区级名师发放 40 能量值、校级名师发放 20 能量值；教师负责校级及以上名师工作室，按工作室级别发放能量：负责省级及以上名师工作室发放 80 能量值、负责市级名师工作室发放 80 能量值、负责区级名师工作室发放 80 能量值、负责校级名师工作室发放 40 能量值；教师参与校级及以上名师工作室，按工作室级别发放能量：参与省级及以上名师工作室发放 40 能量值、参与市级名师工作室发放 40 能量值、参与区级名师工作室发放 40 能量值、参与校级名师工作室发放 10 能量值；教师新增一次教育教学奖项记录，针对奖项级别发放能量值：省级及以上奖项发放 80 能量值，市级奖项发放 60 能量值，区级奖项发放 40 能量值，校级奖项发放 20 能量值；教师新增一次辅导学生奖项记录。

海城教师生长园——教师能量管理（2）

针对奖项级别发放能量值：省级及以上奖项发放 40 能量值，市级奖项发放 30 能量值，区级奖项发放 20 能量值，校级奖项发放 10 能量值；教师新增一次学校活动开发记录，负责人发放 40 能量值，参与人发放 20 能量值；教师新增一次校园文化创新记录，负责人发放 40 能量值，参与人发放 20 能量值；教师新增一次专项工作记录，负责人发放 40 能量值，参与人发放 20 能量值；班主任新增一次班级环境布置优秀的记录，发放 20 能量值；班主任新增一次

班级特色活动记录，发放 20 能量值；班主任新增一次学校活动组织优秀的记录，发放 20 能量值。

海城教师生长园——教师能量管理（3）

教师成为校级及以上名班主任，按级别发放能量：省级及以上名班主任发放 80 能量值、市级名班主任发放 60 能量值、区级名班主任发放 40 能量值、校级名班主任发放 20 能量值；教师负责校级及以上名班主任工作室，按工作室级别发放能量：负责省级及以上名班主任工作室发放 80 能量值、负责市级名班主任工作室发放 80 能量值、负责区级名班主任工作室发放 80 能量值、负责校级名班主任工作室发放 40 能量值；教师参与校级及以上名班主任工作室，按工作室级别发放能量：参与省级及以上名班主任工作室发放 40 能量值、参与市级名班主任工作室发放 40 能量值、参与区级名班主任工作室发放 40 能量值、参与校级名班主任工作室发放 10 能量值。

第三章

生长教育数据采集管理

（一）学生学业成绩评价

1. 成绩统计分析模块

（1）支持教师进入考试列表查看历次考试信息（如：考试状态、考试等级、考试名称、学期、创建人及创建时间），以及查看各考试分析报表，如：成绩分析报表和考试安排及进度；

学生管理：学业成绩评价—分析（1）

成绩一键导入；各类学科、班级、年级分析报表自动生成；学生成绩查询及追踪

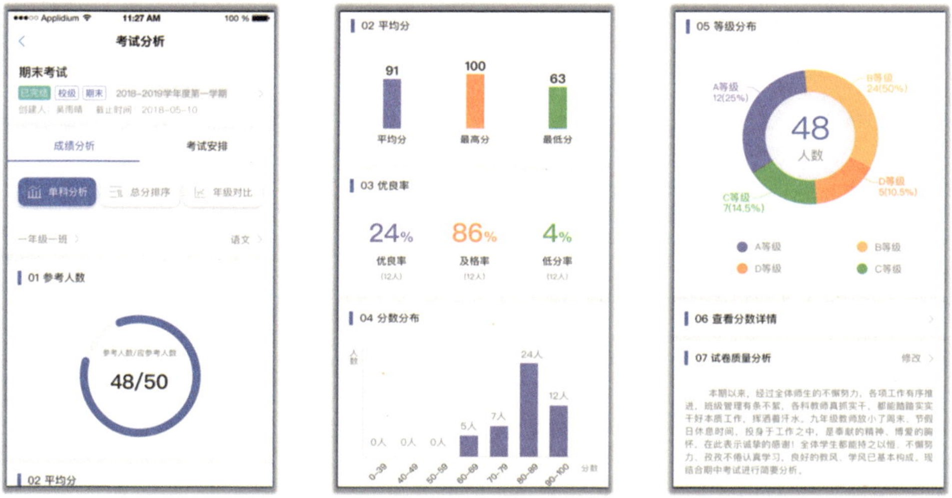

（2）系统支持默认快捷显示最后一次考试的考试分析详情；

（3）学生成绩录入后，后台自动生成该次考试的单科质量分析、多科总分排序、年级质量对比成绩分析报表；

（4）单科质量分析

①支持查看各班级单学科参考人数、最高分、最低分、平均分、优良率、及格率、低分率、等级分布图、分数段分布图、各科分数详情、试卷质量分析等；

②支持教师按照分数或登记的升序、降序方式查看各班级考试分数详情，详情包含：考试类型、班级、科目及任课教师、学生姓名及学号、分数、等级、序号；

③支持教师以文字输入、上传图片或附件的方式，编辑考试质量分析。

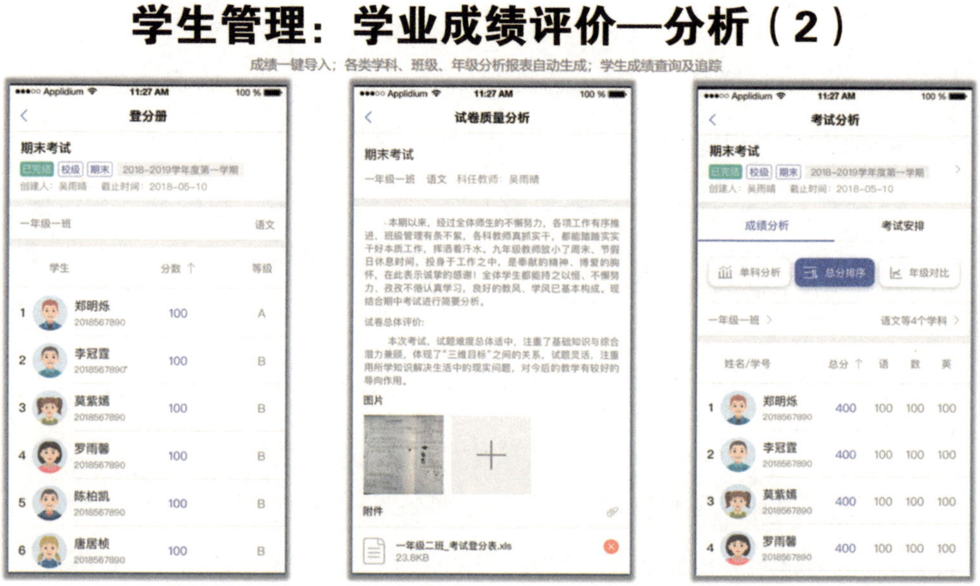

（5）多科总分排序

①支持切换查看各班级多科成绩总分排序及对比；

②支持教师按照看分数或者看等级的方式筛选查看多科成绩排序；支持教师选择计入总分的学科方式筛选查看多科成绩排序。

学生管理：学业成绩评价—分析（3）

成绩一键导入；各类学科、班级、年级分析报表自动生成；学生成绩查询及追踪

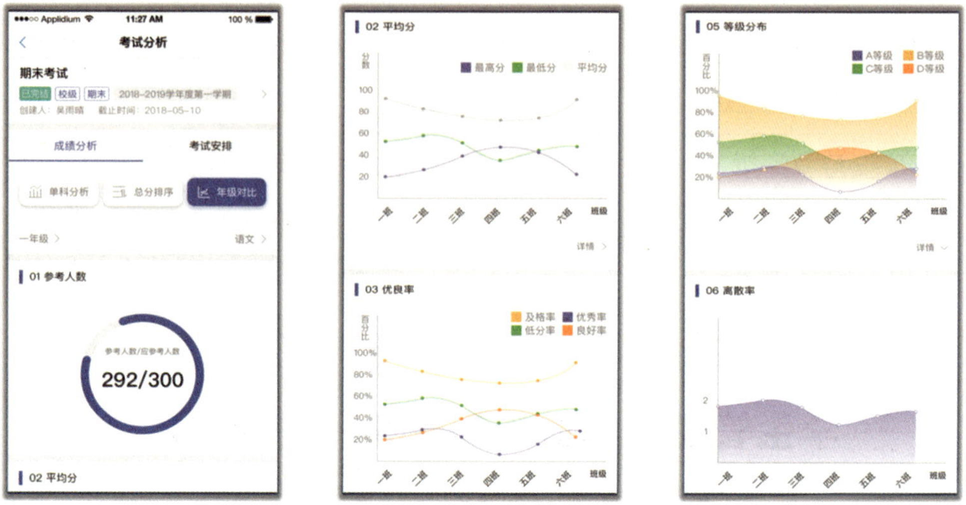

（6）年级质量对比

支持教师查看各班级单学科参考人数、成绩最高分、最低分、平均分、优良率、及格率、低分率、等级分布、离散率等数据的分析、对比图表及数据详情；

支持教师查看考试安排，如：登分进度、试卷分析、监考安排、阅卷安排等考试信息。

（7）支持教师查看登分进度详情，了解各参考班级已登分和未登分科目；支持教师查看试卷分析详情，了解各参考班级已完成和未完成科目；支持教师在线查看上传的监考安排和阅卷安排；

（8）支持教师在线查看监考及阅卷安排；

（9）支持成绩统计分析报表一键导出。

6. 考试登分模块

（1）支持有登分权限的教师对自己管理的考试进行登分操作；

（2）支持有登分权限的教师查看需登分的班级、学科的登分进度及百分

比，如：已登分人数、未登分人数；

（3）支持有登分权限的教师一键上传表格导入分数；支持教师直接填写录入分数；

（4）登分完成后，系统自动生成单科质量分析、多科总分排序、年级质量对比等分析报表。

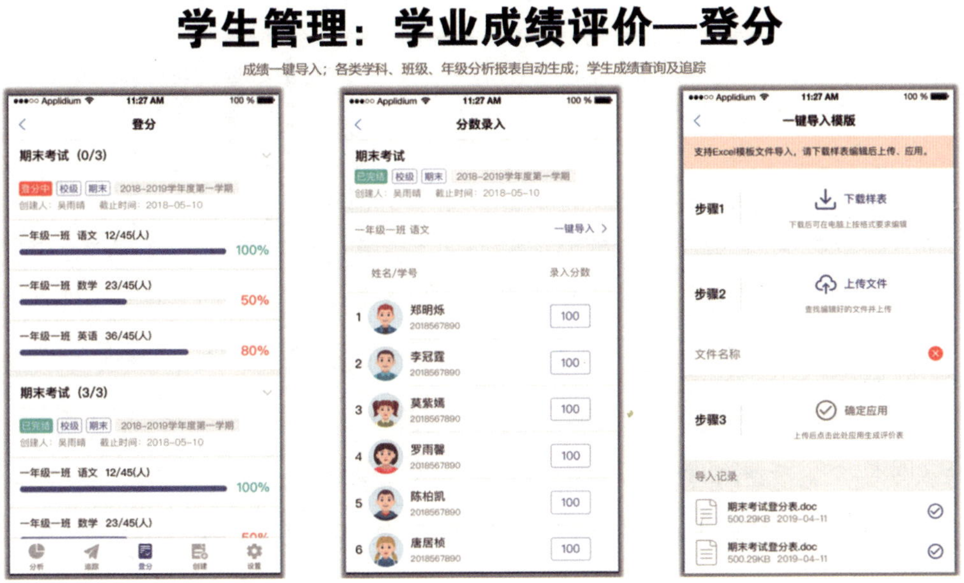

7. 成绩追踪模块

（1）支持教师切换时间段和科目，查看学生的考试记录及成绩曲线变化；

（2）支持教师切换学生姓名或直接搜索学生姓名，对各学生的成绩进行追踪查询；

（3）支持教师查看考试记录详情，如：考试名称、级别、创建时间、考试类型、学期、各科目的得分及班级平均分的对比；

（4）支持教师查看各学科的曲线变化详情。

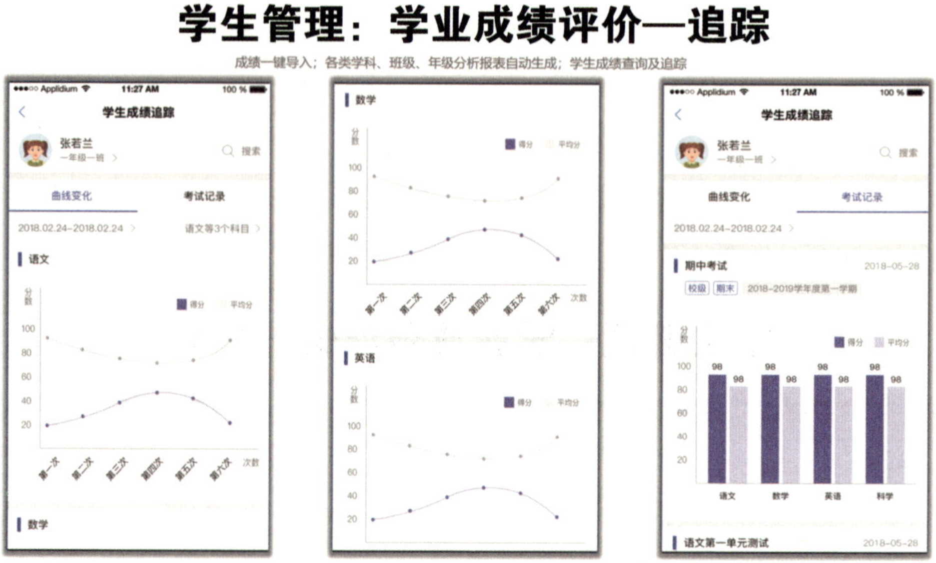

8. 考试创建模块

（1）支持教师分三步完成考试创建：设置考试范围、设置优良率与等级甚至登分权限；

第一步，设置考试范围：需要教师输入考试名称、选择所属学期（默认为当前学期）、选择考试时间、查看考试形式（默认为常规考试）、选择考试类型（日常、期中、期末）及考试级别（校级、个人）、选择参考科目及计分形式（分数、等级）、选择参考班级；

第二步，设置优良率与等级：支持教师选择所有年级所有学科都按照同样标准设置优良率与等级，或者选择不同年级与不同学科按照不同标准设置优良率与等级；

①设置优良率：设置年级、学科、四个等级（优秀、良好、及格、低分）对应的分数区间；

②设置等级：设置年级、学科、四个等级（A、B、C、D）对应的分数区间；支持教师按分数或按年级排名百分比的方式设置各等级分数区间；

③设置总分系数：默认总分系数为 1，支持教师编辑修改。

第三步，设置登分权限：支持教师按照“默认由本班任课教师登分”“按年级、学科指定某一组人登分”“指定一组人录入所有分数”三种方式设置登分权限；

（2）支持教师查看创建的考试列表，管理已创建的考试信息，如：考试名称、考试类型、考试级别等；

（3）支持主管理员设置子管理员协助管理；

（4）支持管理员设置校级考试的创建权限，有校级考试创建权限的教师允许创建校级考试和个人考试，无权限的教师只能创建个人考试；

（5）支持管理员设置全校成绩查看权限，无权限的教师只能看到自己创建的考试；

（6）支持与学生生长数据中心能量体系数据互通；学生考试结束后，根据分数，按照能量值管理模块规则自动发放能量值。

学生管理：学业成绩评价—创建（2）

成绩一键导入；各类学科、班级、年级分析报表自动生成；学生成绩查询及追踪

学生管理：学业成绩评价—创建（3）

成绩一键导入；各类学科、班级、年级分析报表自动生成；学生成绩查询及追踪

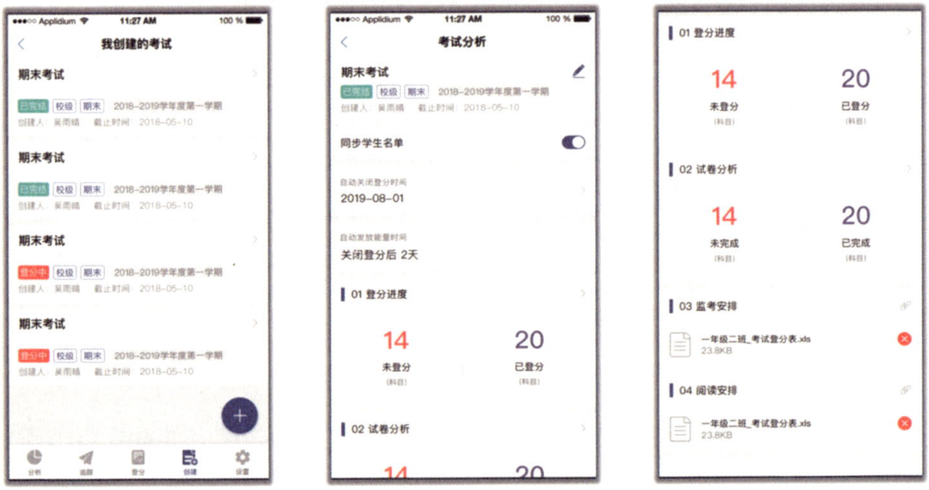

（二）学生社团活动评价

1. 社团活动填报

（1）支持家长查阅当前学期社团整体开设情况，如社团数量、已报人数、未报人数、社团类型名称（如：生活与习惯、人文与阅读、科技与实践、艺术

与审美）、社团名称、各社团类型下社团数量、社团报名进度、招收人数等；

（2）支持家长查看孩子的社团报名状况，如：报名成功、暂未报名、已报名的社团名称等；

（3）支持家长一键快速进入孩子加入的社团；支持家长查看孩子已加入社团的信息，如：社团名称、上课教师、招收人数、上课地点、上课时间、社团简介；

（4）一个学期内，支持孩子提交多个社团申请，但仅能加入一个社团，默认加入最先通过审核的社团；

（5）已满员的社团，支持家长查看社团详情，但不允许提交报名申请；

（6）支持与学生生长数据中心能量体系数据互通，学生加入社团后，系统按照能量值管理模块规则自动发放能量值。

2. 社团活动统计

（1）支持教师查阅当前学期社团整体开设情况，如社团数量、已报人数、未报人数；

（2）支持按社团查看报名情况；支持按社团类型名称筛选社团，查看各社团类型下的社团数量和社团报名状态，如：社团名称、社团报名进度、招收人数等；

（3）支持查看社团详情，如：社团名称、社团类型、上课教师、创建人、招收人数、招收范围、上课地点、上课时间、社团简介等；

（4）支持按班级查看报名情况；支持教师按班级筛选查看各班人数和报名进度；

（5）支持教师查看班级学生参加社团详情，如：已报人数、未报人数、学生报名详情；支持按社团类别查看各类别学生报名人数与报名详情；

（6）支持教师一键导出社团报名详情，查看各社团报名人数和名单；

（7）支持教师查看上课社团及社团详情，如：社团名称、社团类型、上课教师、创建人、招收人数、招收范围、上课地点、上课时间、社团简介、社团成员名单及各成员所在班级；

（8）支持教师按照类型分类查看、管理各社团；支持教师查看学生申请社团状态（待审核、已通过）。

3. 社团活动创建

支持教师按照社团模板，提交社团名称、社团类型（生活与健康、人文与阅读、科技与实践、艺术与审美等）、上课教师、创建人、招收人数、上课地点、上课时间、社团简介信息后快速创建社团；

支持教师查看自己创建的社团开设情况，如：社团数量、社团报名进度、招收人数等；

支持教师编辑修改自己创建的社团信息；支持教师删除自己创建的社团；

学生管理：社团活动评价—创建

家长实时选课；自动汇总统计；教师一键审核

学生管理：社团活动评价—审核

支持进入"我的"审核我的社团成员

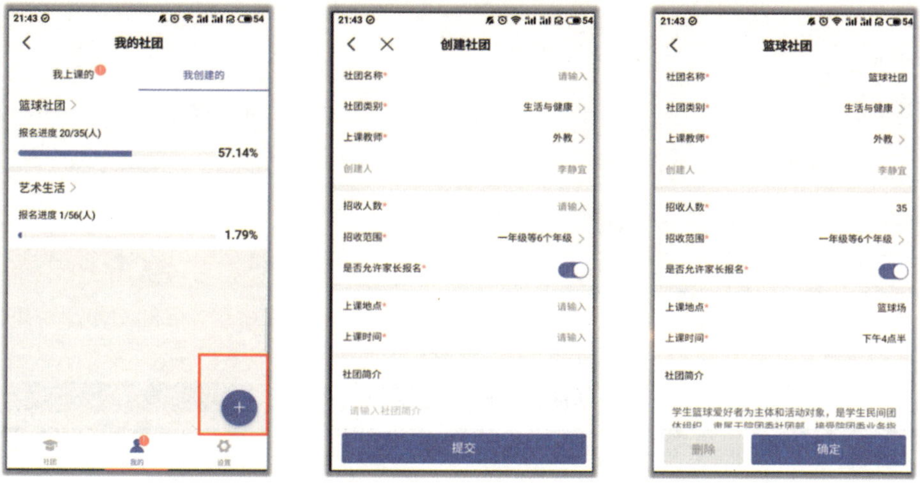

（4）支持社团任课教师进入“我的社团”审核学生提交的社团申报；

（5）支持教师自主邀请学生加入社团；支持教师通过手动添加进行邀请学生或一键导入邀请学生名单进行导入邀请；

（6）支持任课教师将学生从社团中移除，学生被移除社团后无法再次报名该社团；

（7）当社团呈现满员状态时，将无法继续增加成员。

4. 社团活动设置

（1）支持主管理员设置子管理员协助管理；

（2）支持设置社团报名数量；一个学期内，每个学生可以填报几个社团；

（3）支持管理员设置报名状态，设置社团填报开启时间和结束时间，在填报时限内允许学生进行社团填报；

（4）支持设置是否允许家长看到提交邀请名单；

（5）支持与学生生长数据中心能量体系数据互通；学生成功参与社团后，按照能量值管理模块规则自动发放能量值。

（三）学生课外阅读评价

1. 阅读统计分析

（1）支持教师按照周统计或学期统计的方式，选择周次或学期查看学生阅读数据；

（2）支持按指定年级、班级查看阅读数据；

（3）系统自动采集家长端提交的阅读数据，并生成阅读人数年级分布图、阅读书目类型分布图（童话故事、科普读物、小说、绘本、其他等），本周/学期课外书阅读排行、阅读数、阅读本数、班级平均等阅读数据；

①阅读人数年级分布图：统计各班级本周/学期阅读课外书的人数；

②阅读书目类型分布图：统计各班级本周/学期课外书类型分布占比；

③本周/学期课外书阅读排行：统计各班级本周/学期阅读的课外书名称，并按照阅读次数从多到少的顺序排列；

（4）支持教师查看课外书的阅读详情，如：课外书名称、课外书类型、参与阅读人数、各年级阅读人数分布及参与阅读学生的姓名、班级、阅读时间；

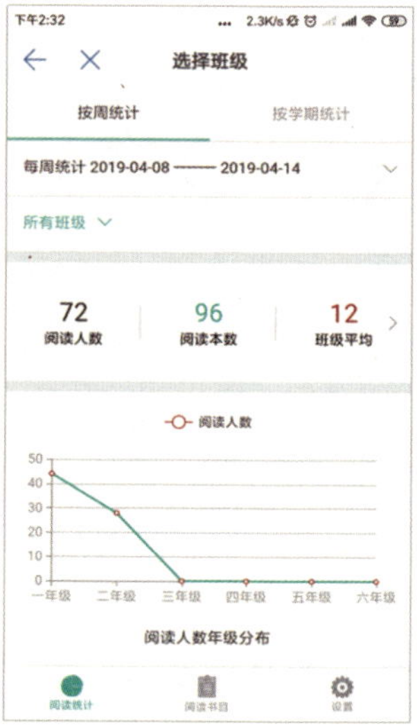

（5）支持教师查看各学生阅读的课外书详情，如：课外书阅读总数、课外书名称、课外书类型、阅读时间等；

（6）支持教师查看每周各班级课外书阅读数和参与阅读人数的详情及对比；

（7）支持教师查看每周各班级学生阅读详情，如：学生姓名、本周阅读课外书数量、累计阅读总数及班级课外书阅读排行等。

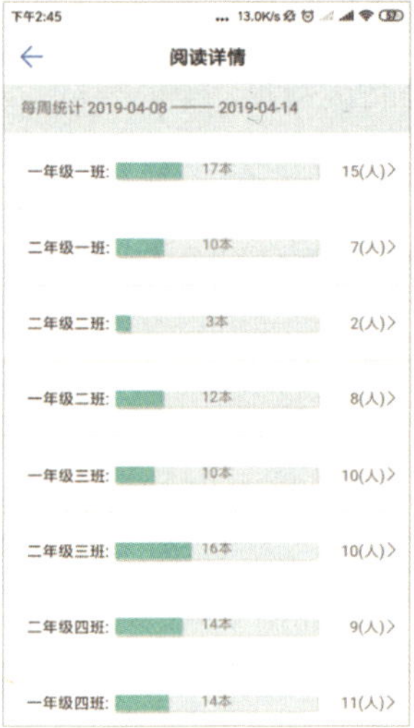

2. 阅读书目分析

（1）系统自动汇总全部的阅读数据，支持教师查看阅读书目总数、各课外书类别数量分布图（如绘本、科普读物、童话故事、小说、其他等）；

（2）系统自动生成最受欢迎的童话故事排行榜、最受欢迎的科普读物排行榜、最受欢迎的绘本排行榜、最受欢迎的小说排行榜、最受欢迎的其他排行榜等，分别统计各类别课外书名称及阅读人数；

（3）支持教师查看各课外书的阅读人数年级分布图、阅读人员、数量等阅读详情；

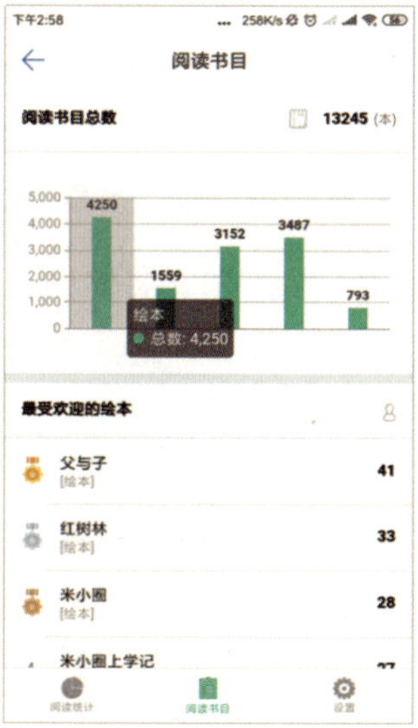

（4）支持主管理员设置子管理员协助管理；

（5）支持管理员设置课外书类别，如：绘本、科普读物、童话故事、其他等。

（四）学生校外荣誉填报

1. 填报管理

（1）支持家长查看各个学期孩子提交的校外才艺申报记录，如：赛事名称、荣誉级别（省级及以上、市级、区级、校级、各项晋级等）、荣誉名称（一等奖、二等奖、三等奖等）、获奖时间及奖励的能量值；

（2）支持家长按照模板填写校外才艺申报表，如：赛事名称、荣誉类型、荣誉级别、荣誉名称、获奖时间、荣誉说明等，并上传相应荣誉证书；提交后等待教师审核、确认；

（3）确认通过后，系统自动生成校外才艺申报记录，并根据才艺级别发放能量值奖励，且生成能量记录；

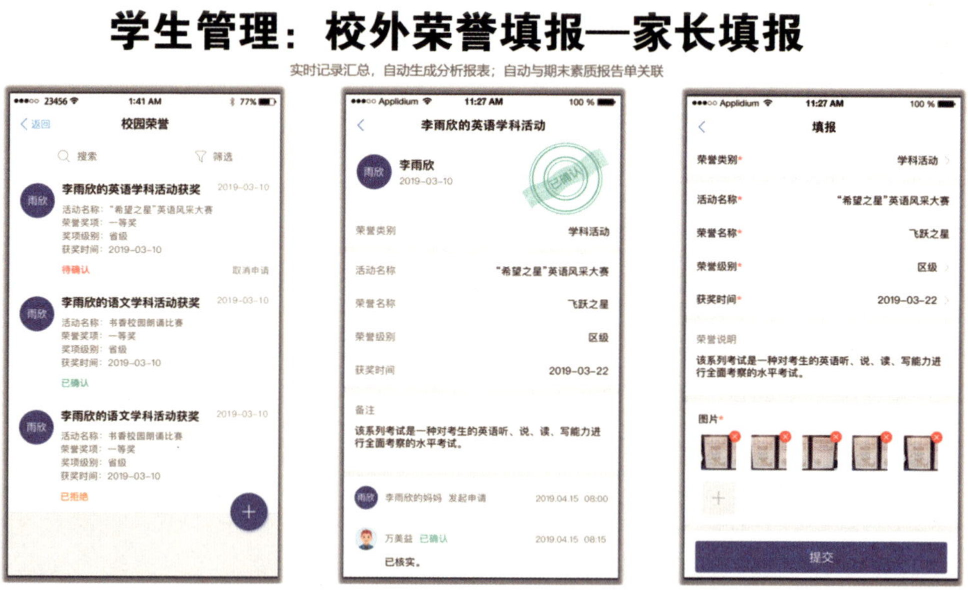

（4）能量记录主要包含：能量来源、能量说明、能量分类和能量收获时间等。

（5）系统自动统计校外才艺申报记录数据，并汇总到相应的评价维度和评价指标项，形成相应的能量值，最终纳入学生个人能量球中；

（6）支持家长自主撤销已提交的“确认中”的申报记录；提交的记录未通过审核或被撤销后，家长可编辑申请信息，重新提交。

2. 荣誉审核

（1）支持教师查看需要自己审批的教师荣誉申请；

（2）支持班主任审批本班学生荣誉申请；

（3）支持教师通过荣誉级别、教师荣誉类别、学生荣誉类别、活动名称、荣誉奖项、奖项级别等关键字搜索荣誉申请；

（4）支持按荣誉级别、教师荣誉类别、学生荣誉类别、状态对荣誉申请进行筛选；支持一键重置筛选条件；

（5）支持查看荣誉申请详情，如：荣誉类别、活动名称、荣誉奖项、奖项级别、获奖时间、申请时间等；

（6）支持有审批权限教师对荣誉申请进行审批；

（7）支持教师批量审核荣誉申请；

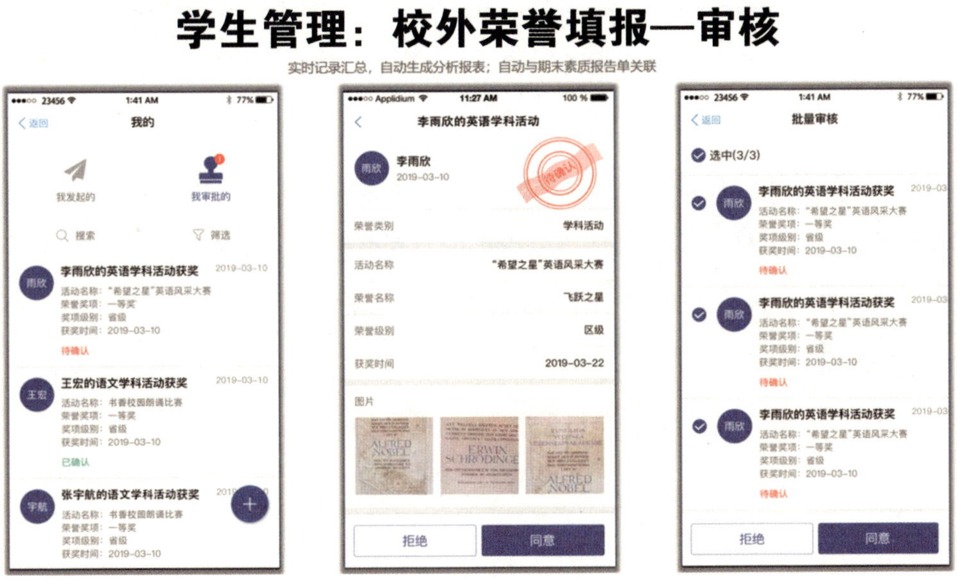

3. 荣誉档案

（1）支持教师按班级查看学生荣誉档案；

（2）支持教师按荣誉级别和学生荣誉类别对荣誉档案进行筛选；筛选条件支持一键重置；

（3）支持查看学生荣誉档案列表，如：获奖人姓名、班级、荣誉类别、活动名称、荣誉名称、荣誉级别、荣誉证书、获奖时间和发布时间；

（4）支持教师查看学生荣誉详情和审批详情，荣誉详情如：荣誉类别、活动名称、荣誉名称、荣誉级别、组织单位、获奖时间、荣誉说明、荣誉证书；审批详情如：申请人、申请时间、审批人、审批理由、审批时间。

4. 荣誉统计

（1）支持教师选择学期和班级进行查看学生荣誉统计；

（2）支持教师查看学生荣誉类别、学生荣誉级别、学生荣誉排行榜的统计数据；

（3）支持教师查看学生荣誉类别的数量及占比情况，如：每种学生荣誉类别与总数的比例；

（4）支持教师查看学生荣誉级别的数量及占比情况，如：每种学生荣誉级别与总数的比例；

（5）支持教师按荣誉类别筛选学生查看荣誉排行榜详情；支持查看名单内容，如：学生头像、姓名、班级、名次和荣誉次数；荣誉排行榜显示荣誉数量最多的前 10 位学生；

（6）支持对荣誉类别进行自定义排序；

（7）支持一键删除自行添加的类别；

（8）支持与学生生长数据中心能量体系数据互通；按照能量值管理模块校园荣誉模块规则自动发放能量值。

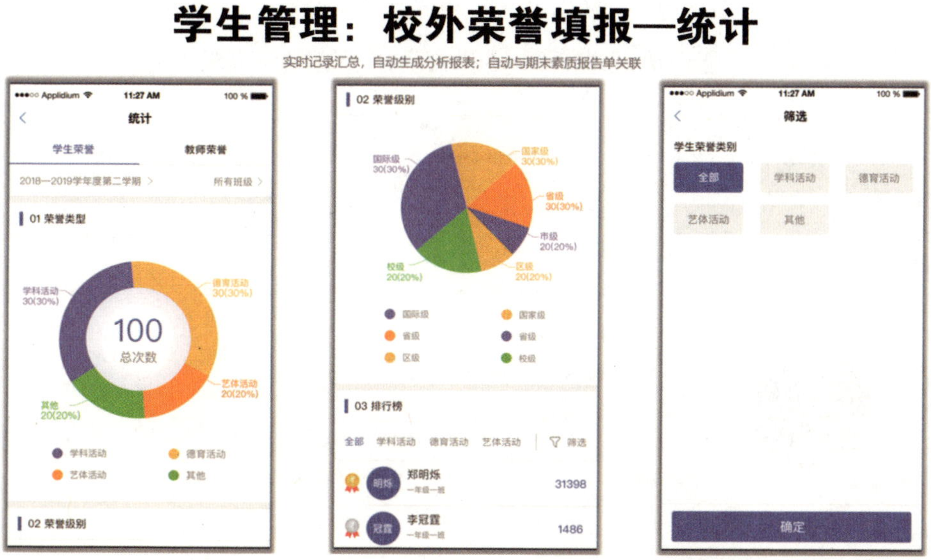

（五）学生校外行为调查

1. 问卷调查

（1）支持家长查看孩子每周问卷的完成状态，如未完成、已完成；

（2）支持查看每周问卷中个人完成度及班级完成度，提醒用户及时完成问卷调查；

（3）支持家长查看每周问卷题目数量及班级参与人数；

（4）支持家长按照每周问卷指定日期进行填写；支持查看每周问卷的有效期，超过有效期后将无法再填写；

（5）支持家长查看所有的每周问卷详情，方便对往期问卷内容进行追溯；

（6）每周问卷用于调查一周内学生在睡眠时间、运动时间、电子产品使用时间、课外实践次数、完成作业时间、课外阅读等身心健康方面的生长情况，并把调查结果与学生的能量相关联；

（7）支持呈现后台自动推送的每周校外行为问卷，并引导用户逐题完成问卷调查；

（8）支持家长查阅问卷调查的统计数据（如：问卷答案、本班问卷答案分布图、问卷时间、能量值记录等），了解自己孩子情况与班级平均情况的差异；

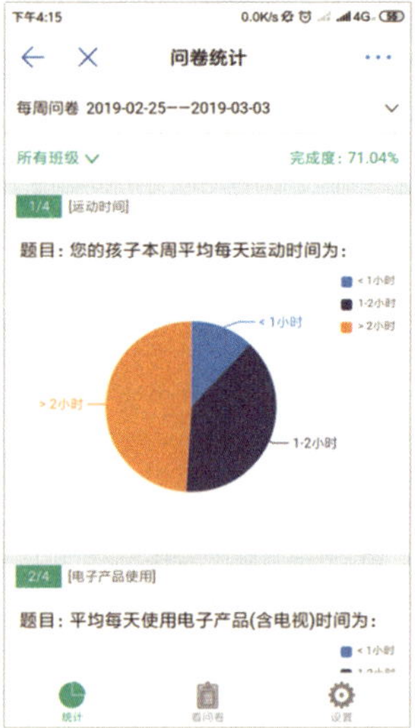

（9）支持用户查阅孩子因完成问卷内容所获能量的数据详情，如：收获的能量值、能量来源（如：校外行为调查）、能量说明（问卷题目内容）、能量分类（思想品德、学业水平、身心健康、艺术素养、实践活动）等；

（10）支持用户查阅孩子往期的问卷内容、统计结果及所获能量的数据详情，如问卷答案、收获的能量值、能量来源（如：校外行为调查）、能量说明（问卷题目内容）、能量分类（思想品德、学业水平、身心健康、艺术素养、实践活动）等；

（11）支持与学生生长数据中心能量体系数据互通，根据调查结果，按照能量值管理模块规则自动发放能量值。

2. 调查统计分析

（1）支持教师切换周次查看每周的问卷结果及统计分析，并将调查结果对应到生活习惯的评价维度中；

（2）支持教师自主选择按全校或某个班级来查看问卷结果、完成度及统计分析；

（3）支持呈现后台自动推送的校外行为调查问卷结果及统计分析，如：问卷内容的答案分布百分比；

（4）系统每周自动发布校外行为调查问卷，用于调查一周内学生在睡眠时间、运动时间、电子产品使用时间、课外实践次数、完成作业时间、课外阅读等方面的生长情况，并把调查结果与学生的能量相关联。

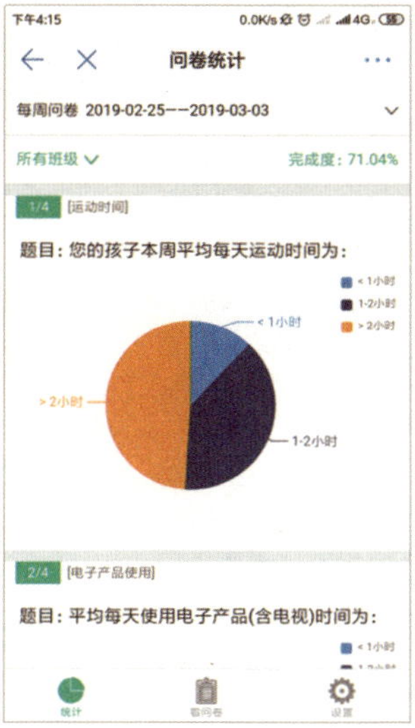

3. 调查问卷详情

（1）支持教师查看每周问卷的完成度、参与人数与完成人数；

（2）支持教师查看所有周次的问卷统计完成度对比；

（3）支持教师查看每周问卷调查中各班级完成度对比；

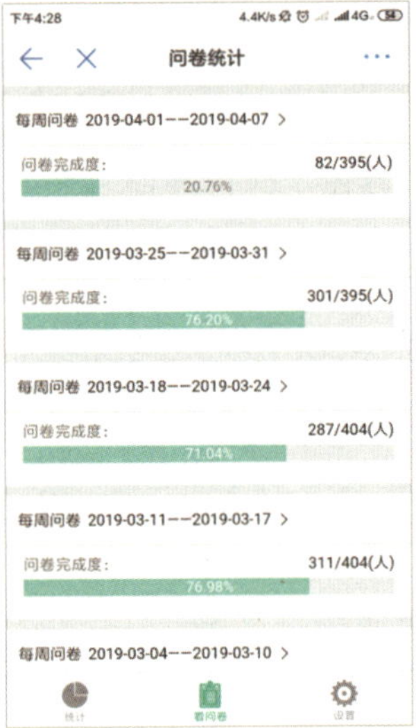

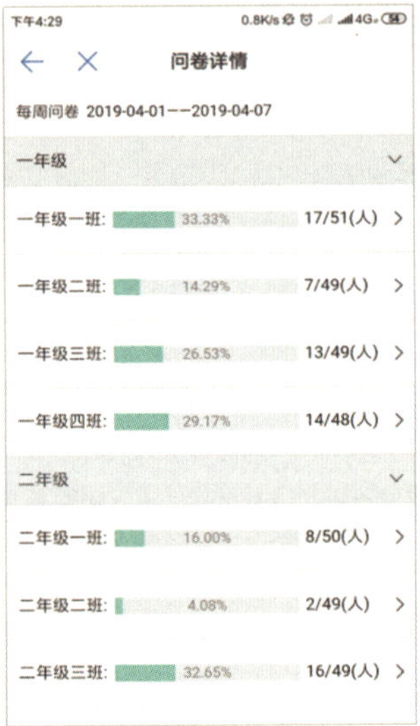

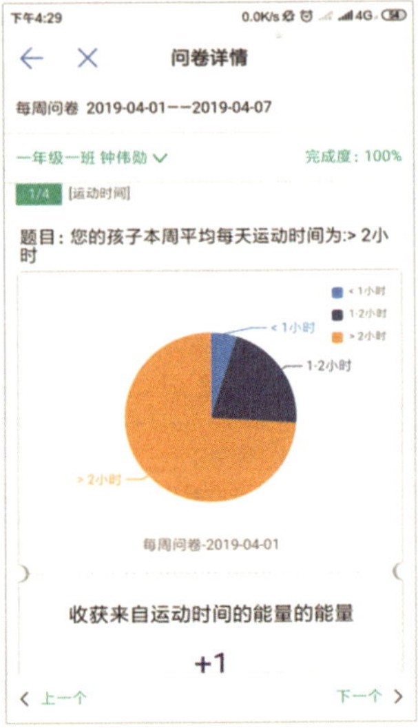

（4）支持教师查看各班级中学生的每周校外行为调查问卷详情，如：问卷答案、本班问卷答案分布图、问卷时间、能量值记录等；

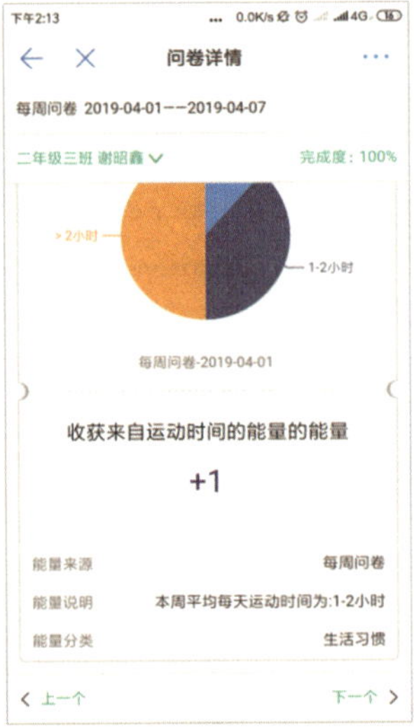

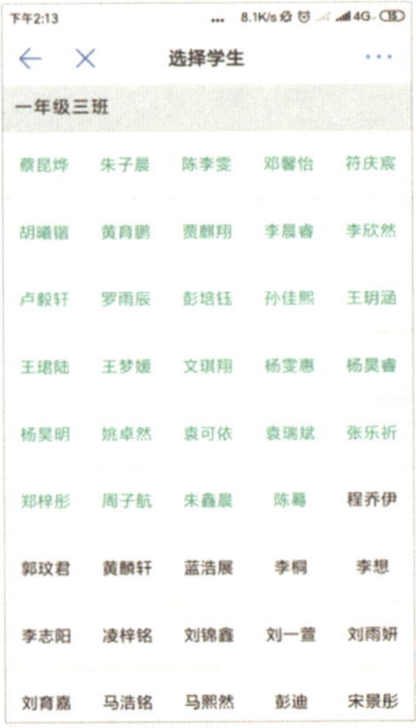

（5）能量值记录主要记录了学生问卷调查过程中，收获的能量值、能量来源（如：校外行为调查）、能量说明（问卷题目内容）、能量分类（思想品德、学业水平、身心健康、艺术素养、实践活动）等；

（6）支持左右切换查看班级内各个学生的问卷详情；支持直接选择学生姓名，快速查看学生的问卷详情；

（7）已完成每周问卷调查的学生与未完成的学生，系统以不同颜色进行区分，支持教师是快速掌握班级内学生问卷完成情况。

（六）学生校内行为评价

1. 校内行为点评

（1）支持教师对学生的行为进行点评；支持查看自己的任教班级，主动为班级内学生进行点评；

（2）点评学生的方式分为三种：支持教师为全班学生同时进行点评；支持教师选择多名学生进行点评；支持教师随机抽取指定数量的学生进行点评；

（3）点评小组的方式分为三种：支持教师对班级内的小组进行点评；支持教师选择多个小组进行点评；支持教师随机抽取一个小组进行点评；

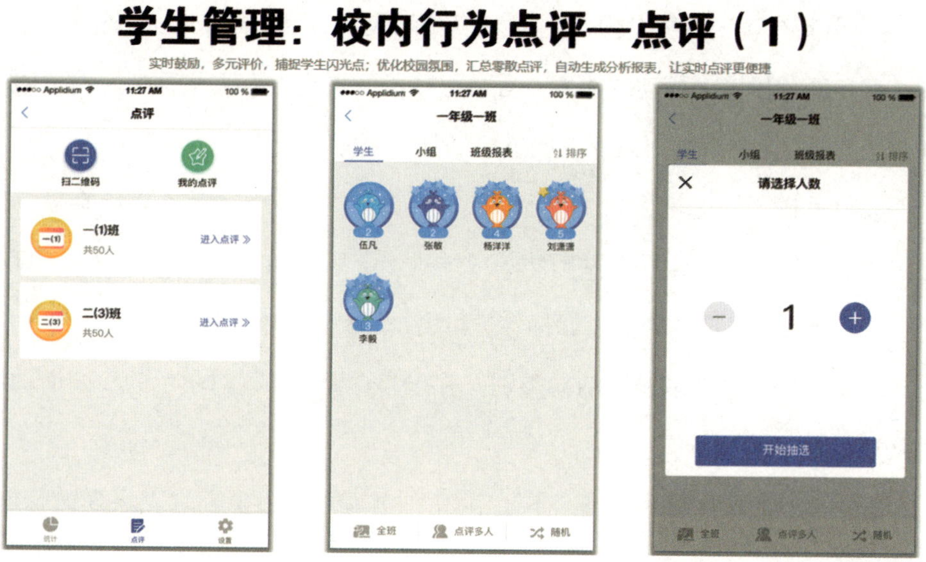

（4）支持教师对小组内全部成员或部分成员进行点评。

（5）支持教师按照场景类别，选择评价标签对学生行为做点评，各场景如：课堂行为、创新行为、日常操行等，各类别评价标签如：

①课堂行为：帮助他人、遵守纪律、注意力集中、团队合作、举手答问、积极思考、优秀作业、书写规范、朗诵规范、桌面整洁、书本整洁、坐姿端正；支持教师对点评标签进行增加、删除等操作；

② 创新行为：善于发现问题、有解决问题的兴趣、能制定合理的解决方案、有在复杂环境中行动的能力、有学习技术的兴趣、有工程思维、善于创造和改造物品；支持教师对点评标签进行增加、删除等操作；

③日常操行：爱班爱校、拾金不昧、热心公益、吃苦耐劳、乐于奉献、遵守纪律、讲究卫生、爱护公共财物、成绩进步、乐观向上、勤俭节约、正直有爱、公正无私；支持教师对点评标签进行增加、删除等操作；

（6）支持自动读取校园活动类别，并作为点评场景，对学生的校园活动作过程性点评；如：

语文学科活动：朗诵标准、声音洪亮、书写规范、坐姿端正、爱动脑筋、成绩进步；支持教师对点评标签进行增加、删除等操作；

数学学科活动：书写规范、坐姿端正、爱动脑筋、成绩进步、灵活善变；支持教师对点评标签进行增加、删除等操作；

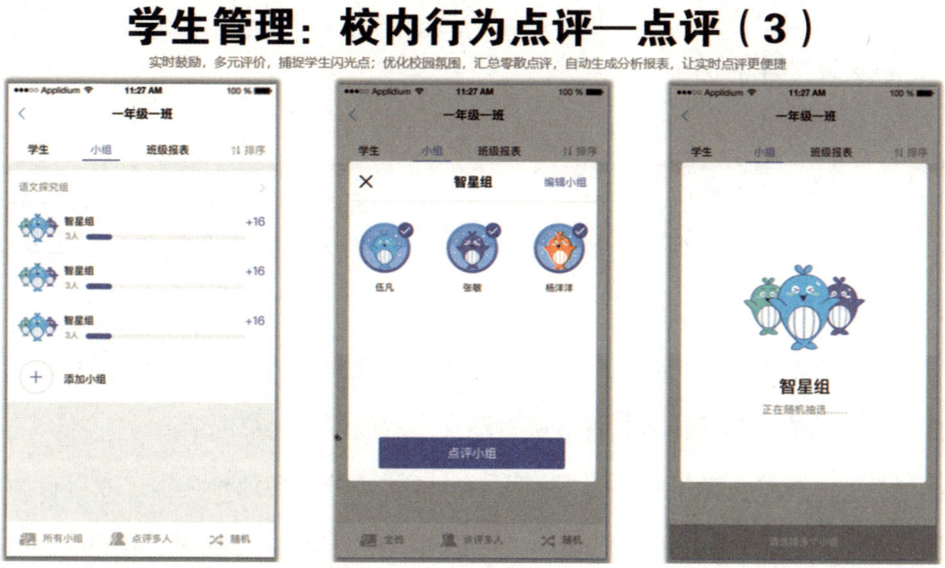

英语学科活动：吐词清晰、表达准确、灵活善用、成绩进步；支持教师对点评标签进行增加、删除等操作；

科学学科活动：善于动手、积极思考、不懂就问、优秀作业、举手答问；支持教师对点评标签进行增加、删除等操作；

艺术学科活动：思维灵敏、艺术感强、优秀作业、敢于创新、乐观向上；支持教师对点评标签进行增加、删除等操作；

体育学科活动：活泼主动、精神饱满、跑步能手、足球小健将、遵守纪律、动作标准；支持教师对点评标签进行增加、删除等操作；

（7）支持教师将班级内的学生进行小组分配，一个班级允许存在多个分组方案

（8）支持教师编辑分组方案，如修改当前分组方案名称、修改当前小组积分规则（如：学生、小组分开计分；学生、小组一起计分）、清除或添加分组方案；

（9）支持教师查看小组详情；支持教师对小组进行编辑，如修改小组名称、小组成员，或者解散小组；

（10）支持对班级学生或小组进行排序，如：按名字首字母排序、按总分排序、按课堂行为排序、按创新行为排序、按家国情怀排序、按科学精神排序、按宝贝星排序等。

2. 评价统计

（1）学生个人报表

①系统自动统计所有学生的点评记录，并生成学生个人报表、班级报表和学校报表；

②支持教师按日 / 周 / 学期方式，自由切换时间查看学生的个人报表；

③ 支持查看班级内各任课教师对该学生的点评统计及记录；

④支持查看该学生在指定时间段内的评价总分、各评价类别（课堂行为、创新行为、家国情怀、科学精神、宝贝星等）得分及占比，全部的点评记录；

⑤支持通过类别标签筛选查看各教师对该学生的点评记录；

⑥支持教师在个人报表中删除自己的点评记录。

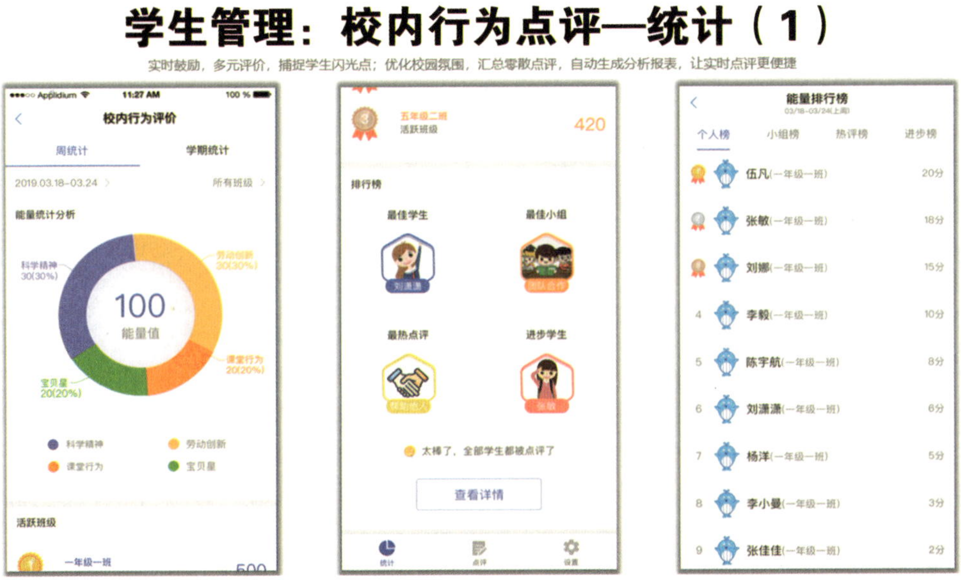

（2）班级报表

①支持教师按日 / 周 / 学期方式，自由切换时间查看自己任教班级的班级报表；

②支持查看班级内各任课教师的点评统计及记录；

③支持查看该班级在指定时间段内评价总分、各评价类别得分及占比、全部点评记录以及最佳学生、最佳小组、最佳热评、进步学生四类排行榜；

最佳学生：班级中在指定时间段内得分最高的前十位学生；

最佳小组：班级中在指定时间段内得分最多的前十个小组；

最佳热评：班级中在指定时间段内被使用次数的最多前十个点评标签，及获得该标签次数最多的前十位学生；

进步学生：班级中当前时间段内排名提升最多的前十位学生；

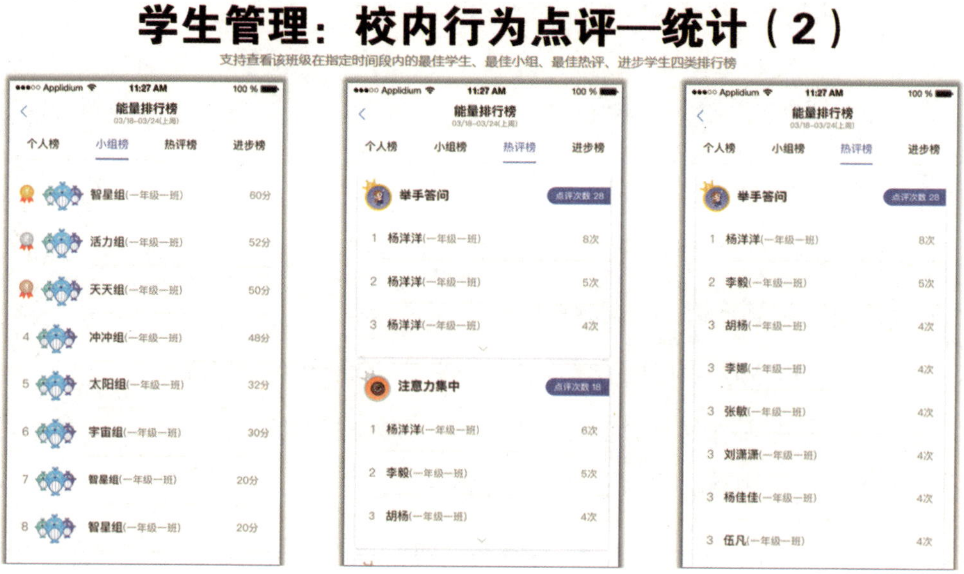

④支持通过类别标签筛选查看各任课教师的点评记录；

⑤支持教师在班级报表中删除自己的点评记录。

（3）学校报表

①支持教师按周统计或学期统计方式、自由切换时间查看学校报表；

②支持查看全校的行为统计报表；支持查看各个年级、班级的行为统计报表；

③支持查看全校、各年级、各班级在指定时间段内的评价总分、各评价类别得分及占比、活跃班级以及最佳学生、最佳小组、最佳热评、进步学生四类排行榜；

（4）活跃班级：在指定时间段内得分最多的三个班级；

（5）支持主管理员设置子管理员协助管理；

（6）支持管理员设置课堂行为类别、评价标签及对应分值；

（7）支持读取校园活动类别，并设置各类别下的评价标签、对应分值及可评价人员；

（8）支持与学生生长数据中心能量体系数据互通，根据点评标签设定的能量值，按照能量值管理模块规则自动发放能量值。

（七）学生晨检午检管理

1. 晨检午检统计

（1）支持教师按照日统计、周统计（或月统计）、学期统计的方式查看考勤分析（如：缺勤分析、疾病分析）；

（2）支持教师切换时间查看全校、各年级、班级的考勤分析；

（3）支持教师按统计分类，查看指定时间段内的缺勤分析，如：迟到、事假、病假、生病未请假中各类考勤的人数及占比；

（4）支持教师按统计分类，查看指定时间段内的学生疾病类型分析，如：感冒、眼病、水痘、牙病、气管炎、其他等各类疾病人数及占比，了解学生健康状况，便于做好相关工作；

学生管理：班级量化评价—统计（3）

自动汇总各班量化评比结果，计算并评出优秀班级；实时查看扣分记录；通过点评标签的方式记录各班级的量化评价

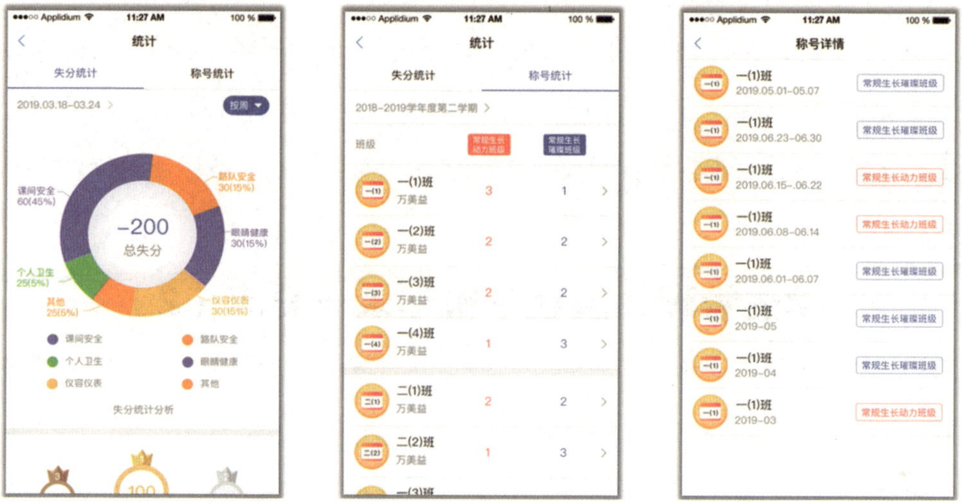

2. 晨检午检日志管理

支持教师切换时间查看每天所有班级的晨午检记录及考勤异动记录；

支持教师查看全校晨午检概况，如：各班级班主任、班级人数、晨检情况（全勤、缺勤人数）、午检情况（全勤、缺勤人数）；

学生管理：晨检午检记录—日志（1）

查看全校、各年级、班级的考勤分析；通过异动记录查看学生的考勤异动详情；选择指定的模板进行考勤填报

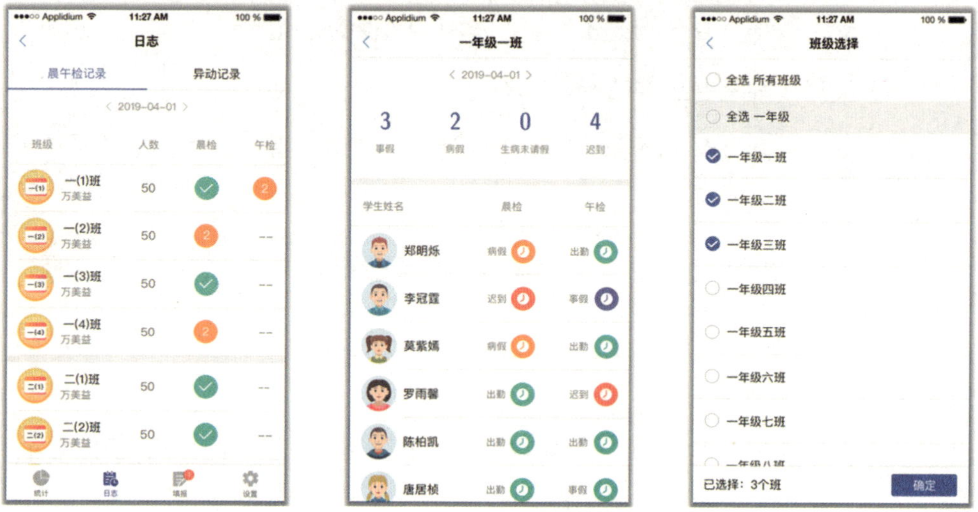

（3）支持教师查看每个班级的考勤详情，如迟到、事假、病假、生病未请假人数，以及班级内每位学生的晨、午检考勤状况；

（4）支持查看学生的晨午检考勤异动详情（迟到、事假、病假、生病未请假记录），如病假状态下，病假开始时间和结束时间、申请时间、时长、体温、发病日期、就诊日期、就诊单位、主要症状、疾病类型、备注、图片、填报人、审批人等；

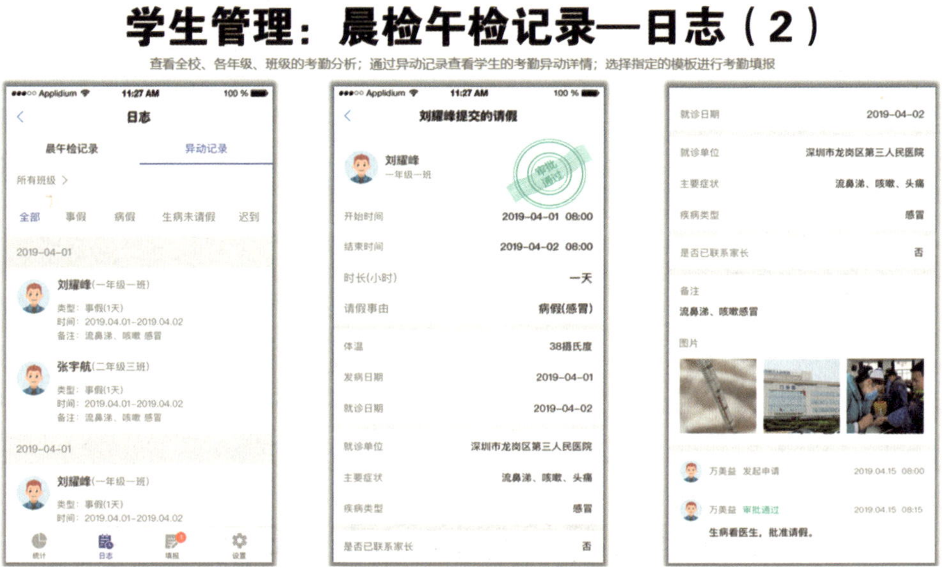

（5）支持教师查看全校或各年级、班级的考勤异动记录；

（6）支持教师查看全部的异动记录；

（7）支持教师查看有考勤异动学生的姓名、班级、考勤异动类型、时长等信息；

（8）支持教师通过异动记录查看学生的考勤异动详情，如：迟到、事假、病假、生病未请假记录。

3. 晨检午检填报

（1）支持班主任、副班主任教师填写并查看自己班级当天的晨午检记录；支持管理员老师填写每个班级的晨午检记录；

（2）学生考勤默认为全勤，教师只需要针对考勤有异动状况的学生进行填报；

（3）支持教师切换时间段查看自己记录的全校、各年级、班级的异动记录；

（4）支持有填报权限的教师，针对学生的考勤异动类型，选择指定的模板进行考勤填报，如：病假状态下，需要填写病假开始时间和结束时间、申请时间、整体时长、体温、发病日期、就诊日期、就诊单位、主要症状、疾病类型、备注、图片、填报人、审批人等；

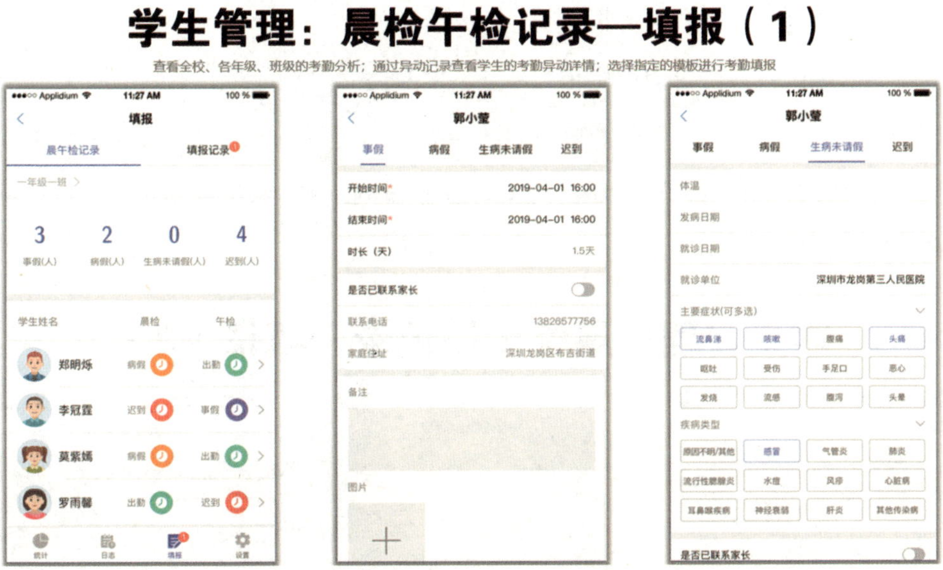

（5）支持有填报权限的教师查看自己填报的的晨午检考勤填报记录；

（6）支持各班级班主任、副班主任教师审核家长提交的请假申请，申请通过后，学生在请假时间段内为请假状态；

（7）支持主管理员设置子管理员协助管理；

（8）支持设置仅班主任或班主任和副班主任拥有填报权限；

（9）支持管理员自定义晨午检时间，如早上 8 点为晨检开始时间，下午 2 点为午检开始时间；

（10）系统默认存在部分的疾病类型及主要症状标签，支持管理员增加或删减；

（11）支持与学生生长数据中心能量体系数据互通，根据晨检午检统计数据，按照能量值管理模块规则，系统每月自动为学生发放能量值。

4. 家长请假条

（1）支持家长查看孩子当天的晨检、午检的状况；

（2）支持家长查看指定时间段内的所有的请假记录，如：记录的时间、状态、备注信息；

（3）支持家长查看请假记录详情；

（4）支持家长进行请假申请；支持家长提交“病假”或“事假”的申请；

（5）提交申请后，等待教师进行审核；

（6）支持家长对未审核通过的申请进行编辑；支持家长查看未通过的申请记录的拒绝理由；

（八）学生班级生长评价

1. 统计分析

（1）支持教师按照日统计、周统计、月统计的方式查看班级生长统计数据；

（2）统计数据主要包含班级生长评价各失分项占比分析和所有的扣分记录，如违反了课间安全、仪容仪表、路队安全、个人卫生等校园规范；

（3）支持按周、按月查看失分统计、加分统计、检查得分排行；默认按月查看；

（4）支持查看班级量化评价各失分项占比分析和总失分，如违反课间安全、仪容仪表、路队安全、个人卫生等校园规范；

（5）支持查看班级量化评价各加分项占比分析和总加分，如遵守课间安全、仪容仪表干净整洁、路队安全整齐划一、重视个人卫生等；

（6）检查得分排行支持按周 / 月的检查得分对班级进行排行；

（7）支持查看检查得分排行详情。

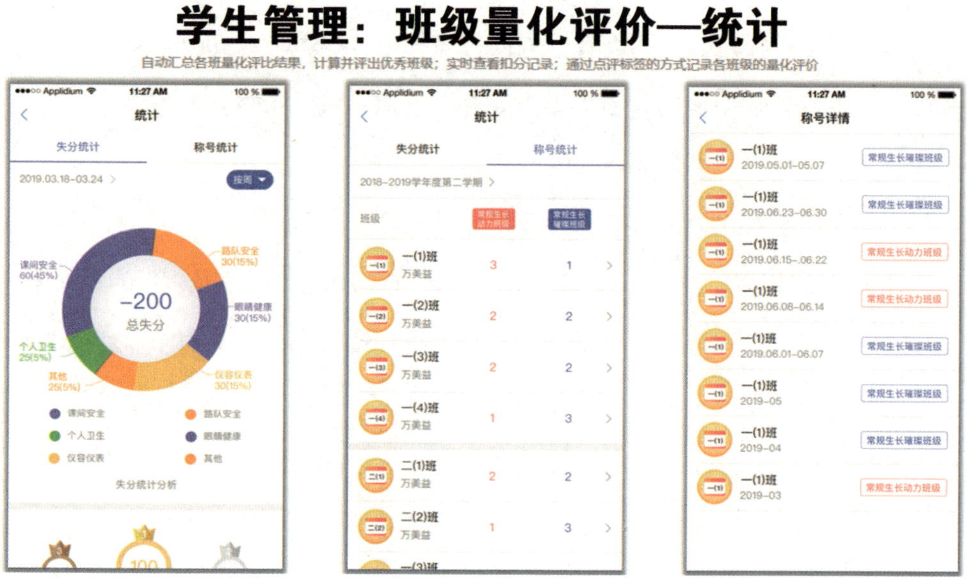
学生管理：班级量化评价—统计
自动汇总各班量化评比结果，计算并评出优秀班级；实时查看扣分记录；通过点评标签的方式记录各班级的量化评价
统计
失分统计
称号统计
-200
总失分
失分统计分析
称号详情

2. 日志管理

（1）系统自动统计各班级每周的班级生长评价数据，并生成量化评价表；支持教师切换周次查看各班级的量化评价得分及评价详情；

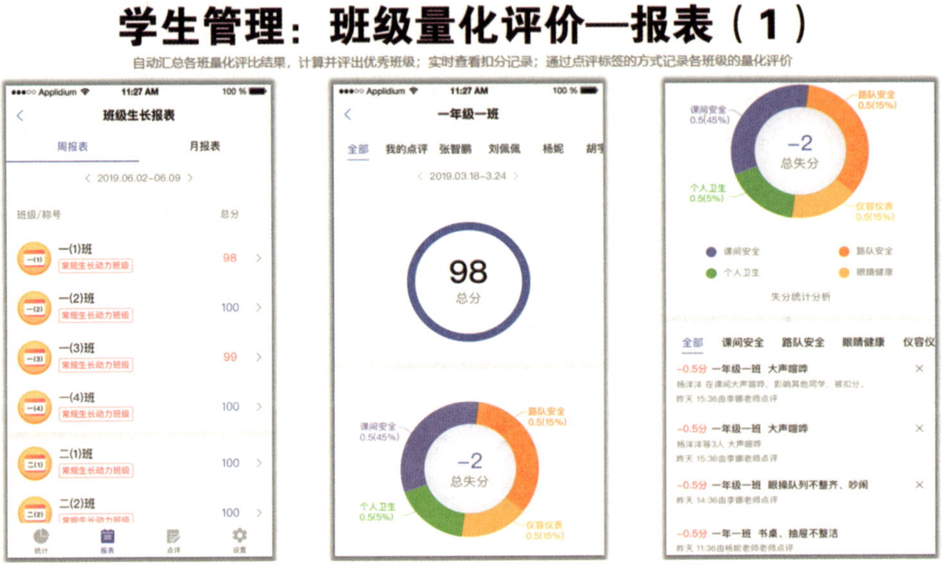

（2）班级生长评价详情主要记录了各班级一周内的失分项统计，以及所有的扣分记录；

（3）支持教师切换时间查看一周内每天的失分项统计及扣分记录；

（4）支持教师切换失分项类型查看扣分记录，如：课间安全类型下，违反了不追逐、不打闹、不大声喧哗的规定；

（5）支持查看扣分记录的时间及操作的教师；

（6）支持教师查看扣分记录备注信息，如：造成扣分的学生及事件的原因等；

（7）系统自动统计各班级每月的班级生长评价数据，并为每个年级月平均得分前两名的班级授予“常规成长璀璨班级”称号，剩余班级获得“常规成长动力班级”称号；获得“常规成长璀璨班级”称号的班级，班级内的每位学生均获得宝贝星两枚，获得“常规成长动力班级”称号的班级，班级内的每位学生均获得宝贝星一枚。

3. 班级生长评价填报

（1）支持教师通过点评标签的方式记录各班级的量化评价；支持教师查看评价记录；

（2）支持有权限的教师管理范围内的班级生长检查项目；

（3）支持教师对班级进行点评，点评项为班级生长的评价标准，如：

①课间安全：课间文明、安全地休息或活动；不追逐、不打闹、不大声喧哗；不在走廊做危险游戏；

②路队安全：带班牌；送队老师跟随队伍；放学路队准时，安静，迅速，整齐；

③眼睛健康：眼操队列整齐、安静；眼操态度认真，动作规范；

④仪容仪表：头发：整洁，男生寸头，星期一女生盘头发；衣服：周一礼服，周二至周五运动服；红领巾：佩戴整洁；鞋子：皮鞋、白色回力鞋，干净；

⑤个人卫生：指甲不长，没有黑边、书桌、抽屉整洁；

⑥午习安静：下午上学进班安静、学生遵守纪律，按照老师的指引进行阅读或开展学习活动；

⑦热爱劳动：教室卫生：门、窗、讲台、墙面、地面等要干净整洁；

⑧节约资源：做好相关工作，节约资源，门、窗、灯、电教设备、空调按要求、按时段关好；

（4）日常评比用扣分制，每周满分 100 分，扣完为止；

（5）系统自动统计所有评价记录，并生成班级生长分析图，支持查看各班级的扣分项占比及扣除的分值；

（6）支持教师切换班级查看该班级所有教师的评价记录，且可以切换教师名称查看各教师的评价记录；

（7）支持教师删除本周内自己的评价记录，不支持删除本周外的；

（8）支持管理员设置子管理员协助管理；

（9）支持管理员设置班级生长检查项目，相关的评价标准及单次操作扣除的分值；支持为每个检查项目设置检查人员；

（10）支持管理员设置月统计中各名次奖项的称号奖励；

（11）支持与学生生长数据中心能量体系数据互通，根据班级生长统计结果，按照能量值管理模块规则，每月自动为学生发放能量值；

（九）学生校园活动评价

1. 校园活动统计

（1）系统自动汇总当前学期创建的校园活动，并将各项校园活动的数据对应到创新成果、国际视野、弘扬传统文化、体育奖励、才艺奖励、社会实践、生产劳动、军训、参观学习、社会调查等评价维度中；

（2）支持通过筛选校园活动类别查看，如：科技创新活动、拓展国际视野活动、弘扬传统文化活动、体育活动、艺术活动、社会实践活动、生产劳动活动、军训活动、参观学习活动、社会调查活动等；

（3）支持教师查看校园活动详情，包含活动类别名称、活动名称、创建时间、活动简介、活动获奖名单；

（4）活动获奖名单支持按奖项统计、按班级统计分类查看；

（5）按奖项统计：支持查看各个奖项中学生获奖情况；

（6）按班级统计：支持切换班级查看每个班级学生的获奖情况；

（7）活动获奖名单支持一键导出；

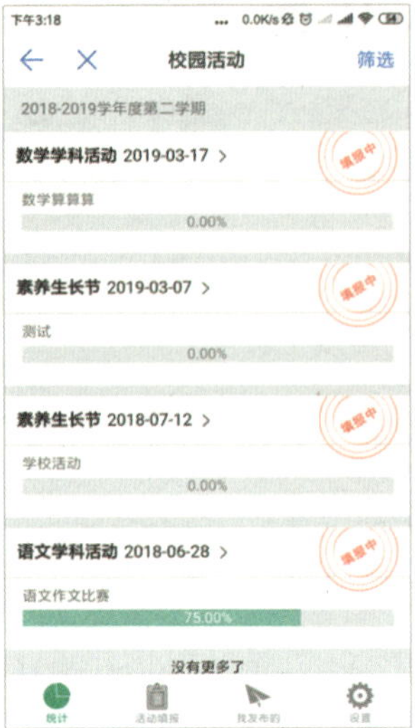

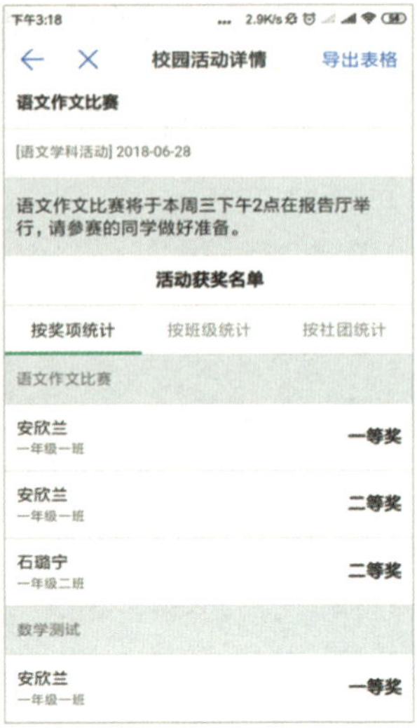

（8）支持教师查看活动奖项详情，包含获奖学生的班级和姓名、活动类型、奖项名称、奖项类别、获奖时间等；

（9）系统自动为获奖的学生生成活动奖状，以记录学生在校园活动中的良好表现；

（10）学生获得奖项后，系统自动奖励对应的能量值，并生成能量值记录；

（11）能量值记录主要包含能量值类别、能量数值、能量来源、能量说明、能量分类以及收获时间，支持教师按照能量值分类追溯查看。

2. 校园活动创建

（1）支持教师通过填写活动通知标题、活动类别及活动通知内容，快速实现校园活动的创建；

（2）支持教师设置新建活动的参与范围、活动奖项及填报状态，完成设置后即可发布，未发布的校园活动，非活动创建者不可见；参与范围设置：分为班级范围设置及社团范围设置，只有在选定范围内的年级、班级或社团参与活动；

①活动奖项：分为活动项目设置（语文作文比赛、吟诵比赛、诗词大会等）、奖项设置（一等奖、二等奖、三等奖等）、能量值设置；

②填报状态：仅当填报状态开启时，活动创建者才可以进行活动填报

（3）支持教师查看并管理自己创建的校园活动，如：查看活动类别、活动创建时间、活动奖项、活动填报状态及进度；

（4）支持教师对已发布的校园活动进行编辑、删除操作；删除的活动无法找回，需要重新创建；

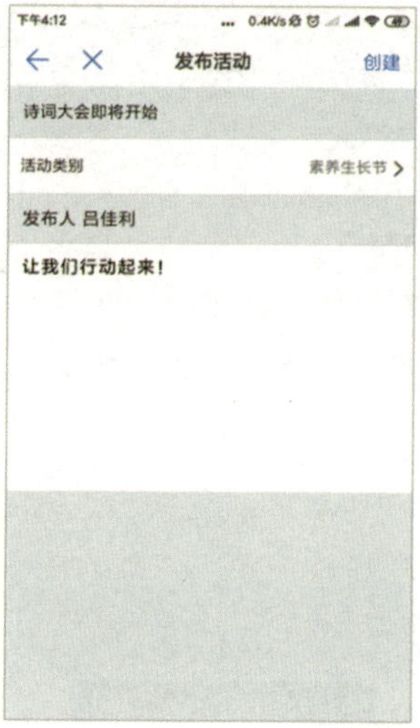

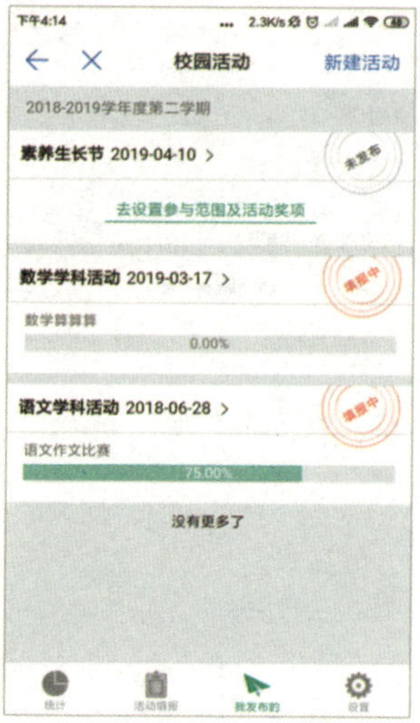

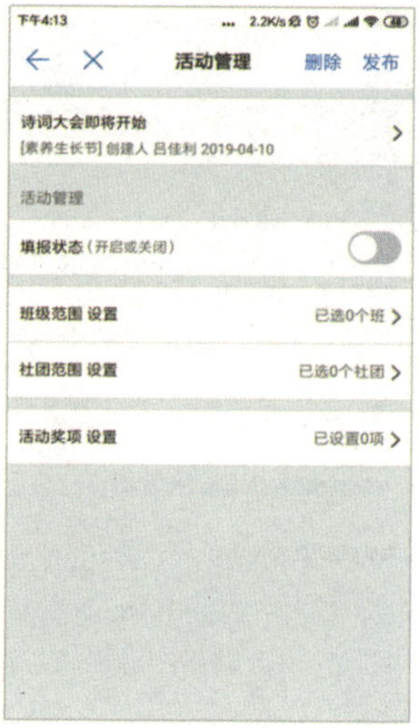

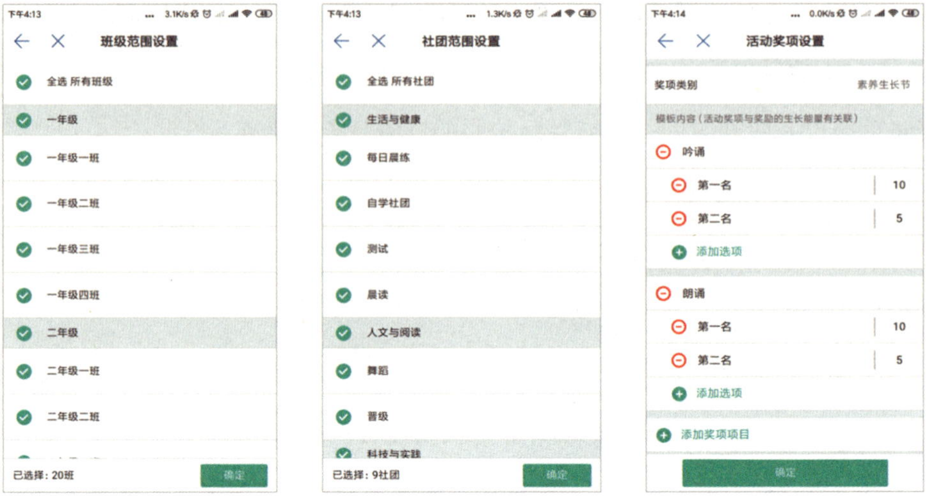

3. 活动填报

（1）校园活动仅支持活动创建者进行填报；

（2）支持教师查看待填报活动的类别名称、活动名称、活动创建时间、填报进度；

（3）活动填报时默认读取活动名称，支持教师按指定模板填写获奖人员、奖项名称（如：作文比赛、数学竞赛等）、奖项级别（如：一等奖、二等奖、三等奖等）、荣誉说明后提交确认；

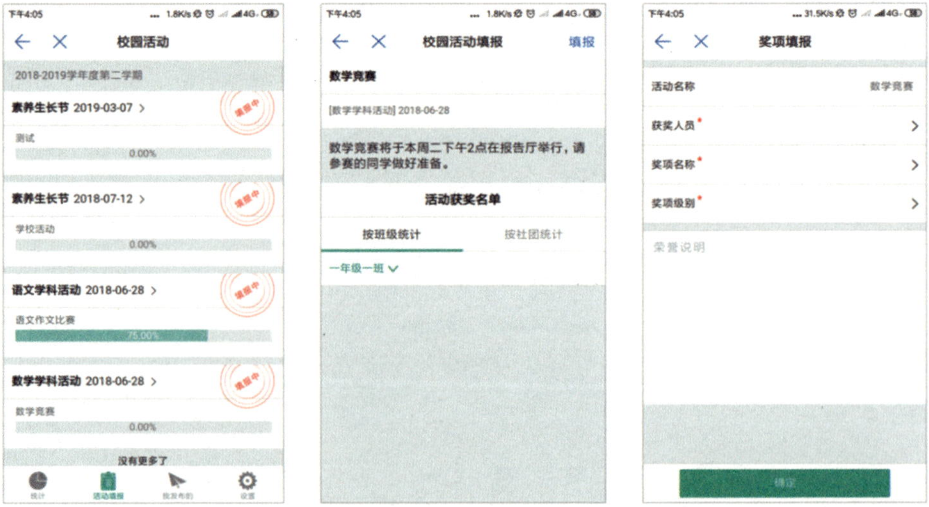

（4）活动填报完成后，系统自动读取获奖学生的班级及社团，支持教师按照班级统计或社团统计查看所有活动的活动获奖记录；

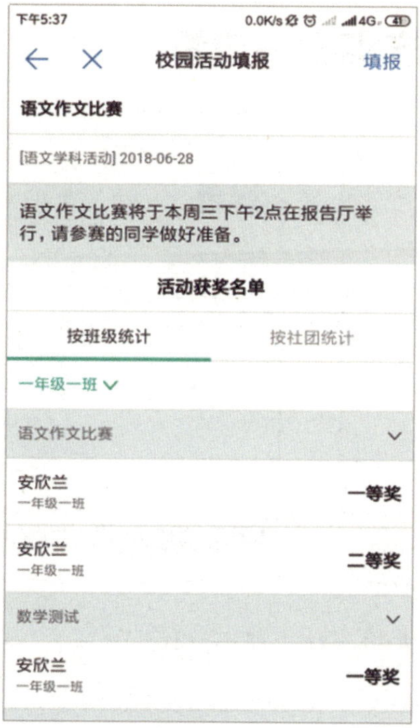

（5）按班级统计：支持切换班级查看每个班级学生的获奖情况；

（6）支持教师查看获奖学生的奖项详情，如：学生的班级和姓名、活动类型、奖项名称、奖项类别、获奖时间及能量值记录等；支持教师修改奖项详情；

（7）奖项详情修改后，相关联的能量值也将调整；

（8）支持管理员设置校园活动类型，如：科技创新活动、拓展国际视野活动、弘扬传统文化活动、体育活动、艺术活动、社会实践活动、生产劳动活动等。

（十）学生期末评语管理

1. 教师评语管理

（1）支持各班级班主任进入评语模块，非班主任不显示该模块；

（2）支持班主任切换学期管理本班级的评语，如：查看学生评语、家长评语和教师评语的完成情况，以及编辑教师评语等；不支持班主任编辑家长评语和学生评语；

（3）支持班主任编辑教师寄语；

（4）支持班主任查看学生评语、家长评语和教师评语的内容，并可对教师评语进行编辑；

（5）编辑教师评语的页面，当存在未完成的教师评语时，默认显示上次操作的位置；

（6）当所有学生的教师评语都已编辑完成时，默认显示第一位学生的教师评语；

（7）编辑教师评语时，支持选择评语标签，快速完成评语的填写，每个评语标签都包含一段评语；

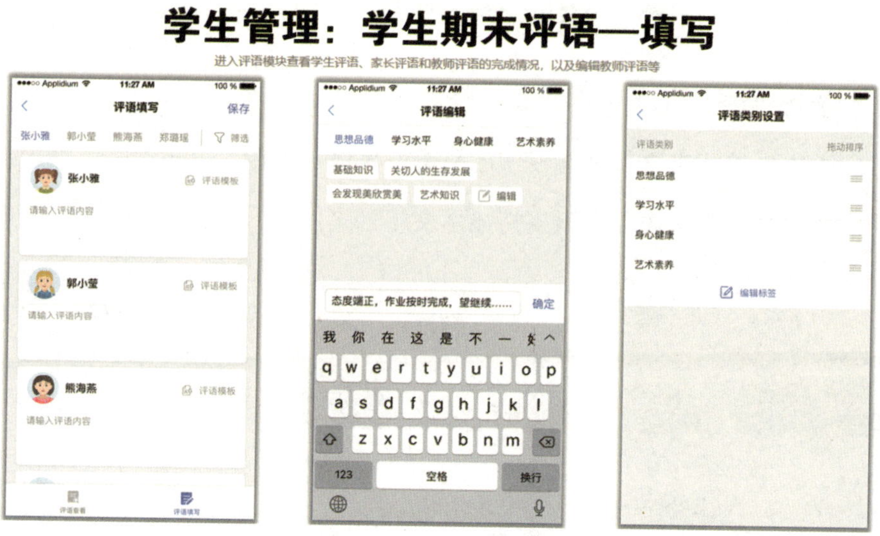

（8）支持班主任自主编辑评语标签及标签下的评估内容；

（9）保存后的评语内容会自动汇总到个学生的“生长素养报告”模块中；

2. 家长及学生评语管理

（1）支持家长切换学期查看自己孩子的评语，如：学生评语、家长评语和教师评语；

（2）支持家长编辑家长寄语和学生寄语；

（3）发布后的评语内容会自动汇总到“生长素养报告”模块中。

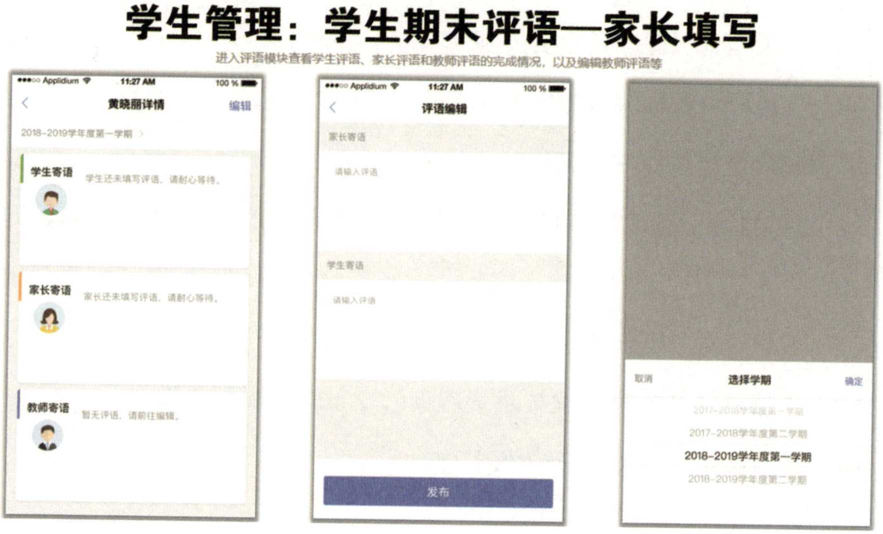

（十一）家长资源推送管理

1. 资源管理

（1）支持接收来自教师端发送的所有学生成长资源、资讯；

（2）家长学堂资源、资讯支持显示文字、多图。

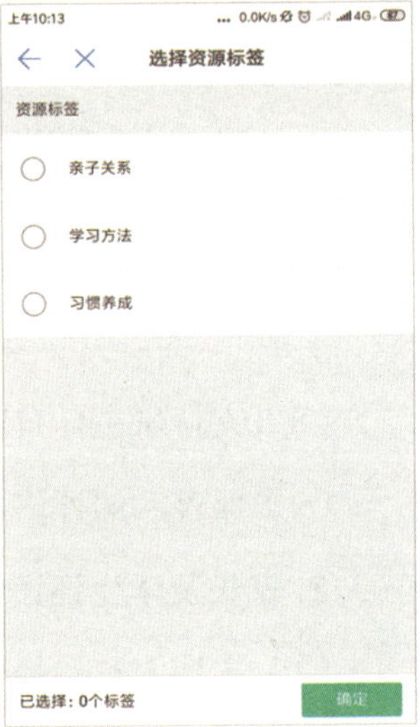

2. 家长学堂模块——家长端

（1）接收来自 PC 端后台或教师端 APP 发送的学生成长资源、资讯；

（2）接收来自该学生所在班级任课教师发送的学生成长资源、资讯；

（3）家长学堂资源、资讯支持显示文字、多图；

（4）支持按资源标签查看资源文章；

3. 家长学堂模块——教师端

（1)支持自动汇总接收来自 PC 端后台或教师端 APP 发送的学生成长资源、资讯；

（2）成长资源、资讯支持显示文字、多图；

（3）支持科任教师自主发布及管理自己发布的资源、资讯；

（4）支持按资源标签检索资源文章；

（5）支持主管理员自主设置全校资源的发布权限；

（6）支持管理自主设置资源标签。

晚上8:38
80.3K/s
家长学堂
发表
教育孩子，爸爸可以做什么?
[创新实验学校] 2018-07-03
关于教育孩子,你懂吗?
[创新实验学校] 2018-07-03
孩子越骂越退步，教育孩子的正确方法应该是......
[创新实验学校] 2018-07-03
教育孩子之前，先教好自己
[创新实验学校] 2018-07-03
可怕的两岁
没有更多了
家长学堂
我发布的
设置

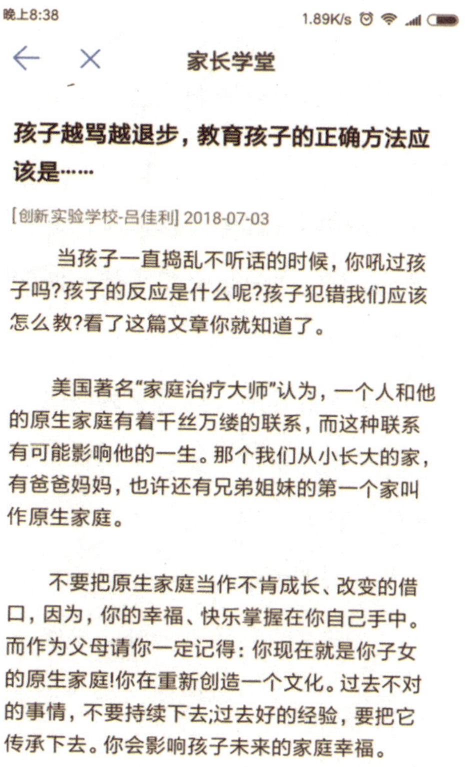

晚上8:38
1.89K/s
家长学堂
孩子越骂越退步，教育孩子的正确方法应该是……
[创新实验学校-吕佳利] 2018-07-03
当孩子一直捣乱不听话的时候，你吼过孩子吗?孩子的反应是什么呢?孩子犯错我们应该怎么教?看了这篇文章你就知道了。
美国著名"家庭治疗大师"认为，一个人和他的原生家庭有着千丝万缕的联系，而这种联系有可能影响他的一生。那个我们从小长大的家，有爸爸妈妈，也许还有兄弟姐妹的第一个家叫作原生家庭。
不要把原生家庭当作不肯成长、改变的借口，因为，你的幸福、快乐掌握在你自己手中。而作为父母请你一定记得：你现在就是你子女的原生家庭!你在重新创造一个文化。过去不对的事情，不要持续下去;过去好的经验，要把它传承下去。你会影响孩子未来的家庭幸福。

4. 家长通知管理模块

（1）接收来自 PC 端后台或教师端 APP 发送的学校通知、公告；

（2）接收来自该学生所在班级任课教师发送的通知、公告；

（3）通知公告支持显示文字、多图；

（4）支持自动汇总接收来自 PC 端后台或教师端 APP 发送的学校通知、公告；

（5）通知公告支持显示文字、多图；

（6）支持科任教师自主发布通知及管理自己发布的通知公告；

（7）支持主管理员自主设置全校通知的发布权限；

（十二）教师课表及调代课管理

1. 调代课管理

（1）支持教师切换班级查看班级课表；支持教师查看自己的教师授课表；

（2）支持教师在班级课表页面，选择自己的任教课程直接进行调课代课操作；

（3）调课过程中，教师在班级课表上选择原调课及被调课后，系统自动显示调课申请，如：原调课及被调课的课程周次、上课时间、班级、课程节数、任课教师；

（4）支持教师直接提交调课申请或修改调课信息后再提交申请；

（5）调课申请中支持教师修改原调课信息中的课程周次、上课时间；支持教师修改被调课信息中课程周次、上课时间、课程节数；

（6）调课申请提交后，系统自动生成调课记录；

（7）代课过程中，教师在班级课表上选择原代课及被代课后，系统自动显示代课申请，如：原代课及被代课的课程周次、上课时间、班级、课程节数、任课教师；

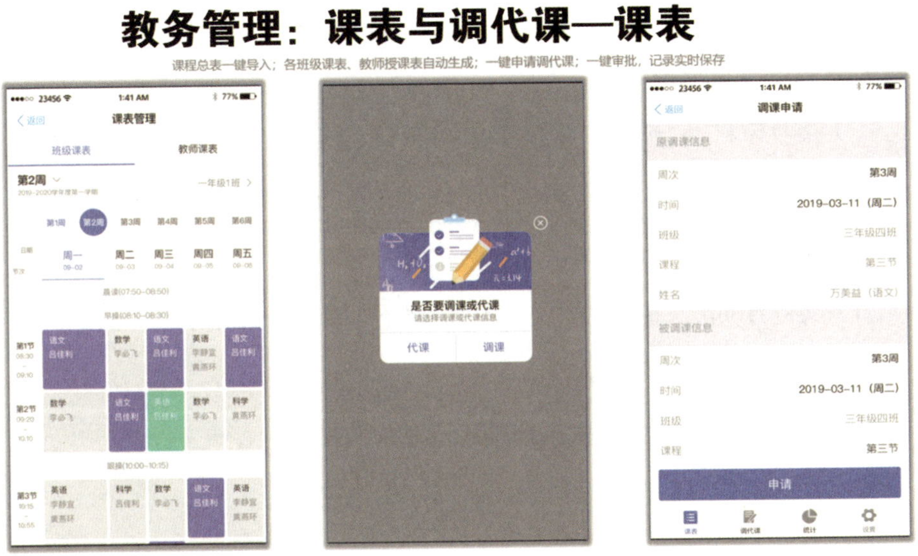

（8）支持教师直接提交代课申请或修改代课信息后再提交申请；

（9）代课申请中支持教师修改原代课信息中的课程周次；支持教师修改被代课信息中的课程节数和任课教师；

（10）被代课信息中，任课教师只能选择指定上课时间段无课程安排的教师。

2. 调代课记录

（1）支持教师查看“我发起的”及“我审批的”调代课申请；

（2）支持教师查看自己提交的调代课申请记录，如：申请状态、申请类型、提交记录的时间等；支持教师查看申请记录详情，如：原调代课信息及被调代课信息；

（3）支持教师取消提交的调代课申请；

（4）支持有审批权限的教师查看我审批的调代课记录；

（5）“我审批的”调代课记录主要包含待我审批的、我已审批的及调代课统计；

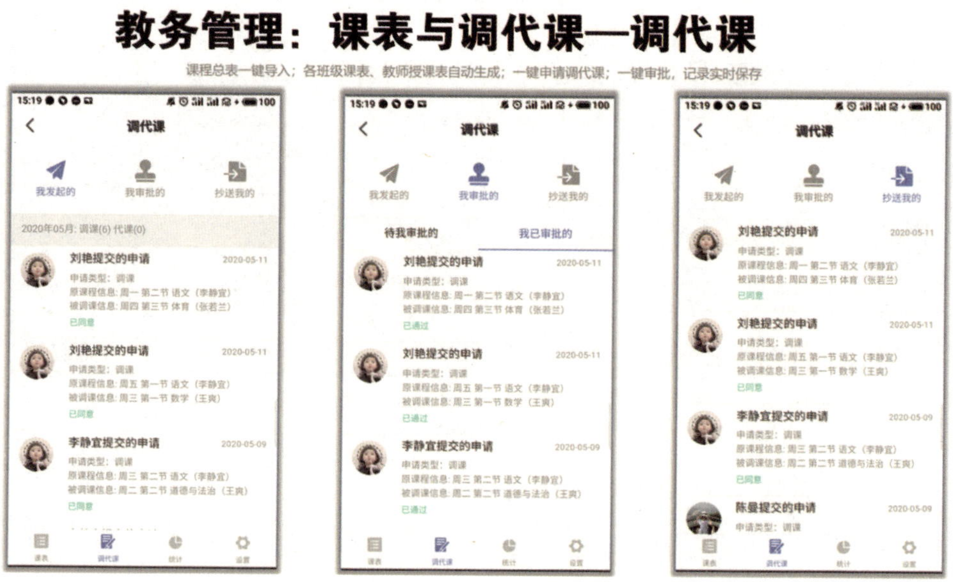

（6）支持教师在“待我审批的”记录中，对各调代课申请进行审批；

（7）支持教师查看“我已审批的”调代课申请信息，如：审批时间、申请类型、原调代课信息及被调代课信息等；

（8）支持教师切换时间查看每个月的调代课统计详情，如：有调代课记录的教师姓名、审核通过的调代课课时。

3. 课程统计

（1）支持一键导入课程总表；导入完成后，系统自动生成班级课表、教师个人授课表、教师分工明细表和课程配备表；

（2）支持教师查看分工明细表，了解各教师的任课信息汇总及周课时量；

（3）支持教师查看课程配备表，了解各年级各科目的课时量是否符合课程标准；

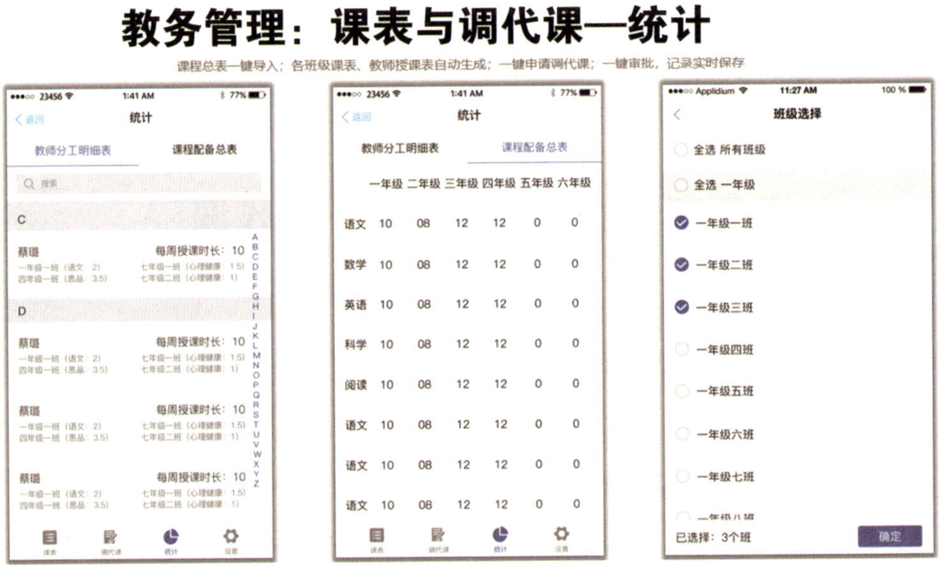

（4）支持主管理员设置子管理员协助管理；

（5）支持管理员设置教师的调代课权限；

（6）支持管理员下载课程总表模板和上传课程总表；

（7）支持管理员对课表进行调整。

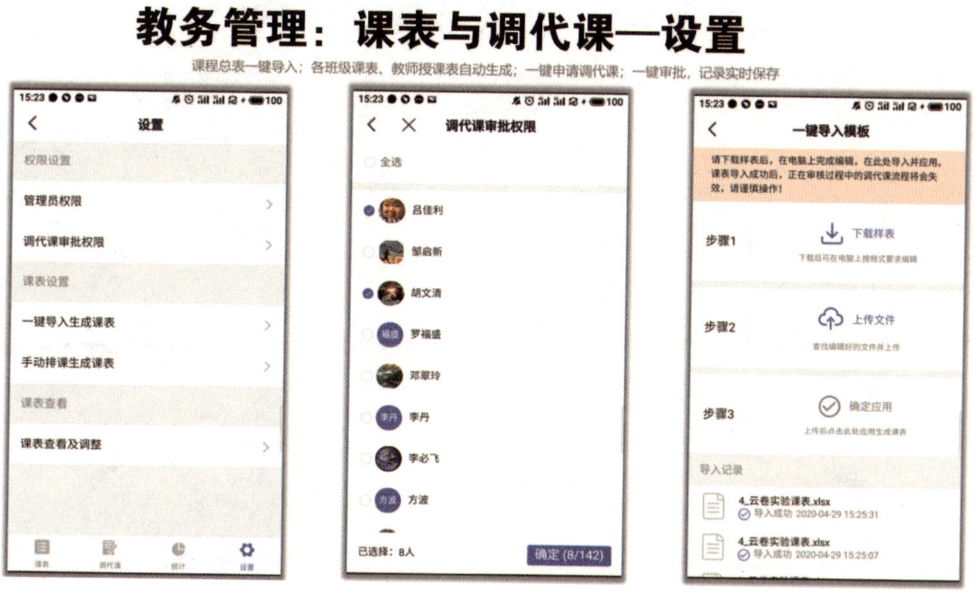

（十三）教师听课与评课管理

1. 听课评课统计

（1）支持教师按照学期统计查看公开课统计数据；

（2）支持教师快速查看个人的听评课统计数据；

（3）支持按学期查看公开课开展情况，如已完结次数，未完结次数；

（4）支持按学期查看公开课各学科数量及占比情况；

（5）支持按学期查看公开课各年级 数量及占比情况；

（6）支持按学科查看查看公开课开展次数排行；

（7）支持按学科查看查看教师听课次数排行；

（8）支持教师快速查看个人的听评课统计数据；

（9）支持按学期查看听评课开展情况，如应完结和已完结的公开课数量和比例；

教务管理：听课与评课—统计

实时生成听课、上课、评课数据统计图表；支持在线评课，生成评课图；评课模块支持学校自定义

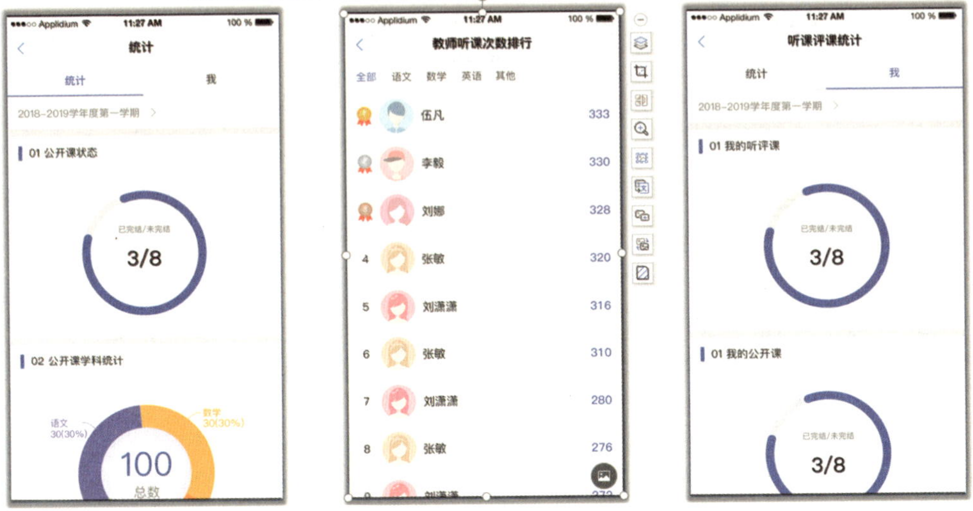

2. 公开课管理

（1）支持教师按照学科分类查看各类的公开课记录；

（2）支持教师通过输入公开课名称、学科名称、公开课级别、执教人等关键字搜索公开课记录；支持教师通过学科、年级、级别、获奖状态等标签筛选查看公开课记录；

教务管理：听课与评课—公开课（1）

实时生成听课、上课、评课数据统计图表；支持在线评课，生成评课图；评课模块支持学校自定义

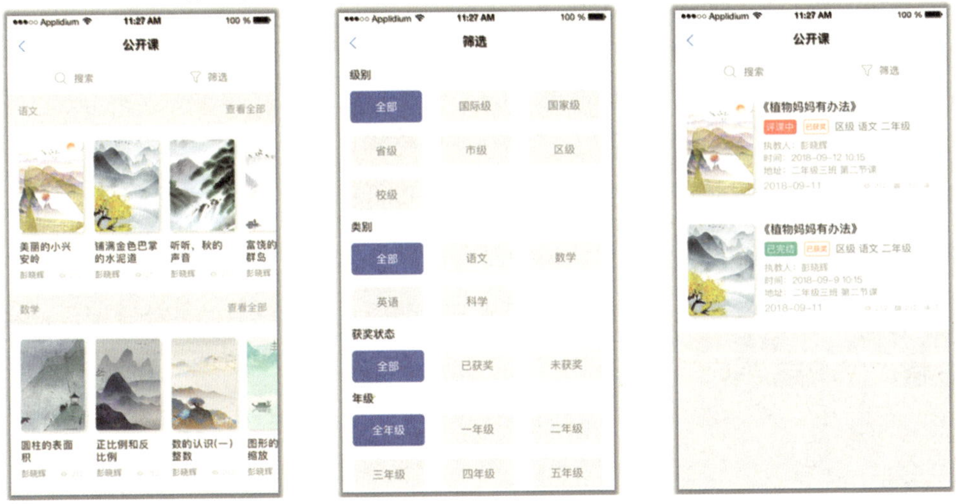

（3）支持查看公开课的详情信息，如：公开课课题名称、学科类别、公开课级别、创建时间、执教人、备课人、听课人、听课时间、听课地点、评课截止时间、评课状态等；支持教师查看公开课教案、课件及其他资料；

（4）支持查看公开课的获奖信息，如：奖项名称、奖项级别、奖项颁布单位、获奖时间、荣誉证书等；

（5）系统自动统计签到数据，支持教师查看听课人员已签到、未签到信息，以及签到时间；

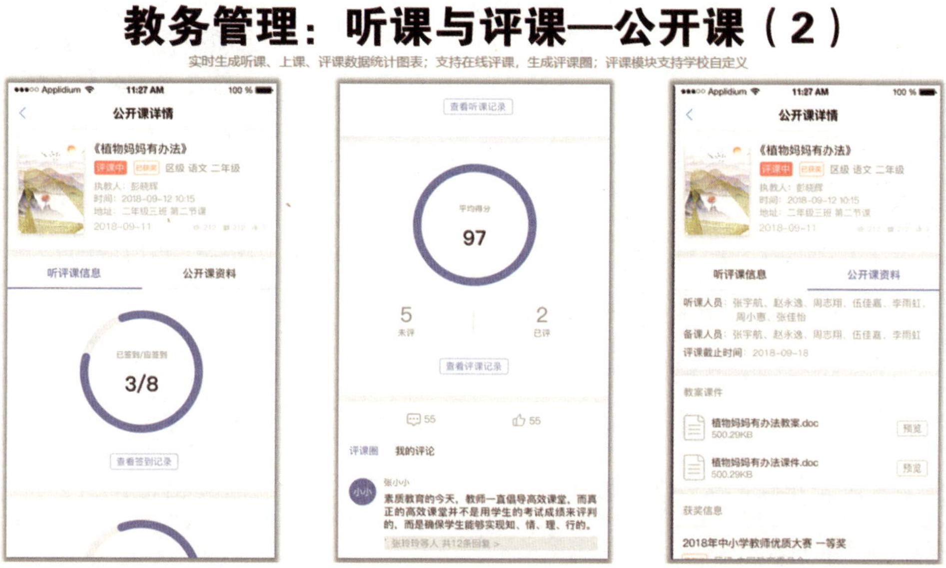

（6）系统自动统计听课记录上传数据，支持教师查看听课人员已上传的听课记录及未上传的听课人员列表；

（7）系统自动统计评课记录数据，支持教师查看该公开课已评、未评统计；如需评分的公开课，自动统计该公开课的平均得分；支持查看已评课的评课记录详情；包含：评课标准、评课备注；如需评分时，可查看各项得分、扣分说明等；

（8）支持查看参与该公开课的教师在评课圈中发布评课小结；支持查看关于该公开课的全部评论及我的评论信息；

（9）支持教师对评课圈中的评论进行点赞；

教务管理：听课与评课—公开课（3）

实时生成听课、上课、评课数据统计图表；支持在线评课，生成评课圈；评课模块支持学校自定义

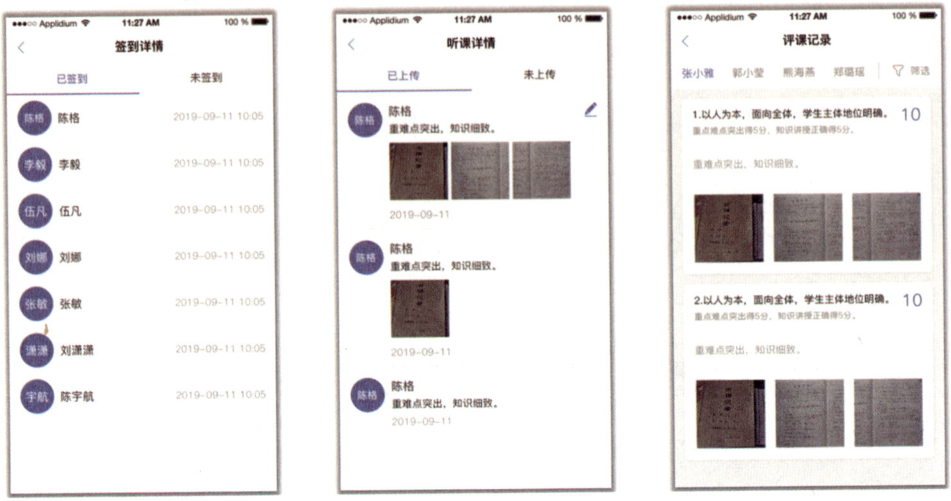

3. 我的公开课

（1）我的公开课可分别查看我的听评课资料与我自己执教的公开课资料；

（2）我的听评课

①支持教师查看自己的所有听评课记录；

②支持教师通过输入公开课名称、学科名称、公开课级别、执教人等关键字搜索公开课记录；支持教师通过学科、年级、级别、获奖状态等标签筛选查看公开课记录；

③支持查看公开课的详情信息，如：公开课课题名称、学科类别、公开课级别、创建时间、执教人、备课人、听课人、听课时间、听课地点、评课截止时间、评课状态等；支持教师查看公开课教案、课件及其他资料；

④支持查看公开课的获奖信息，如：奖项名称、奖项级别、奖项颁布单位、获奖时间、荣誉证书等；

⑤支持教师在公开课开始前 5 分钟进行签到操作；签到后系统自动统计签到数据，支持教师查看听课人员已签到、未签到信息，以及签到时间；

⑥支持教师系上传自己的听课记录图片，并配文字说明；上传后系统统自

动统计听课记录上传数据，支持教师查看听课人员已上传的听课记录及未上传的听课人员列表；

⑦支持教师进行在线评课，针对各项评课标准进行点评，如需打分时，可进行评分；评课后系统自动统计评课记录数据，支持教师查看该公开课已评、未评统计；如需评分的公开课，自动统计该公开课的平均得分；支持查看已评课的评课记录详情，包含：评课标准、评课备注；如需评分时，可查看各项得分、扣分说明等；

⑧支持教师发布自己的评课小结，并对其他教师的评论做回复；支持查看关于该公开课的全部评论及我的评论信息；

⑨支持教师对评课圈中的评论进行点赞。

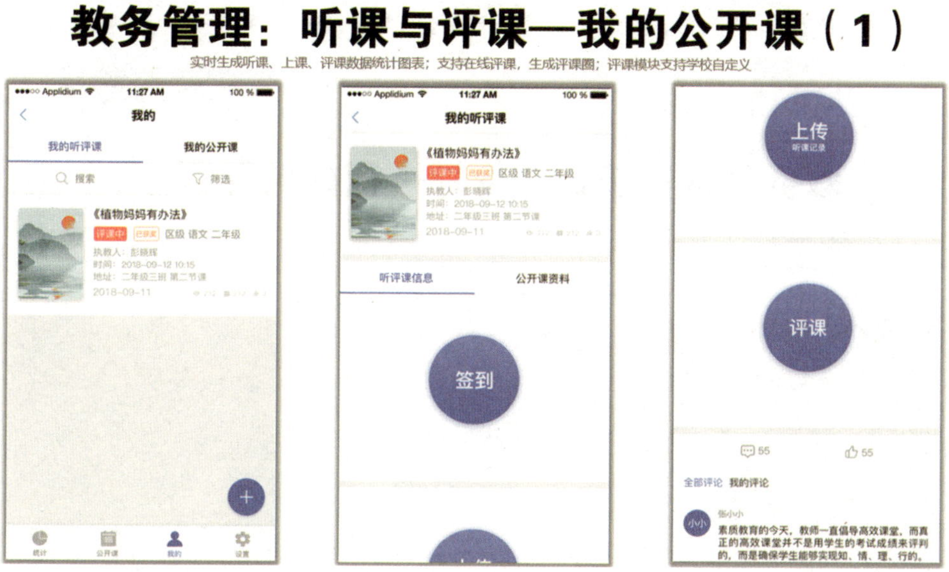

（3）我的公开课

①支持教师查看自己所执教的公开课记录；

②支持教师通过输入公开课名称、学科名称、公开课级别、执教人等关键字搜索公开课记录；支持教师通过学科、年级、级别、获奖状态等标签筛选查看公开课记录；

③支持查看公开课的详情信息，如：公开课课题名称、学科类别、公开课级别、创建时间、执教人、备课人、听课人、听课时间、听课地点、评课截止时间、评课状态等；支持教师查看公开课教案、课件及其他资料；

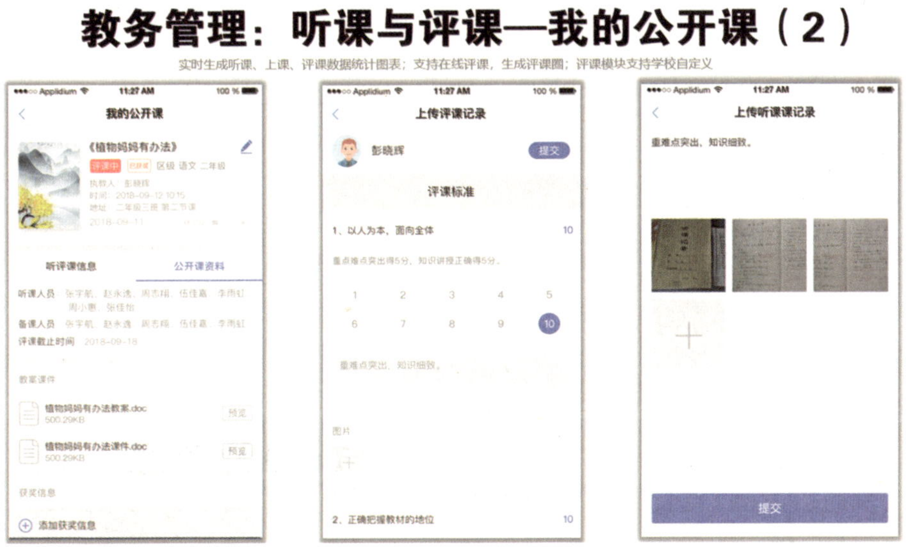

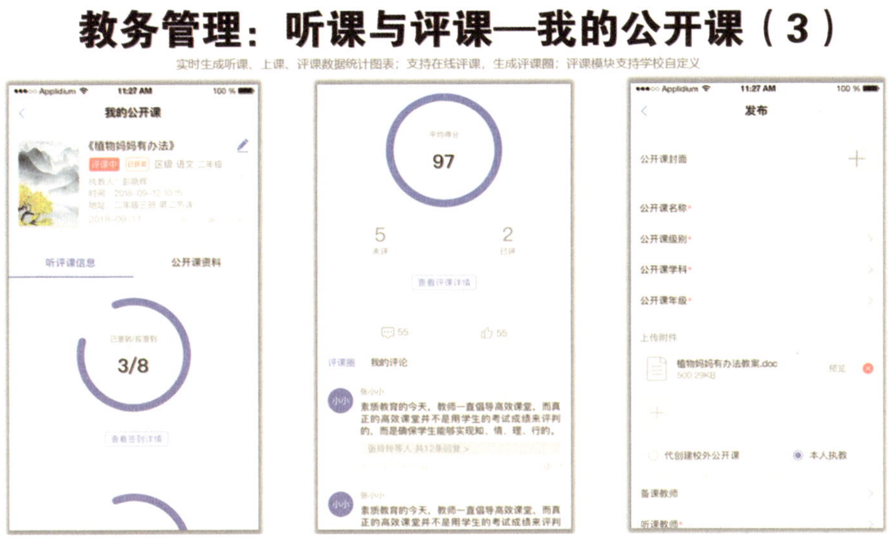

④支持添加及查看公开课的获奖信息，添加时需填写奖项名称、奖项级别、奖项颁布单位、获奖时间、荣誉证书等资料信息；

⑤支持教师查看听课人员已签到、未签到信息，以及签到时间；

⑥支持教师查看听课人员已上传的听课记录及未上传的听课人员列表；

⑦支持教师查看该公开课已评、未评统计；如需评分的公开课，自动统计该公开课的平均得分；支持查看已评课的评课记录详情，包含：评课标准、评课备注；如需评分时，可查看各项得分、扣分说明等；

⑧支持教师发布自己的上课小结，并对其他教师的评论做回复；支持查看关于该公开课的全部评论及我的评论信息；

⑨支持教师对评课圈中的评论进行点赞。

（4）发布公开课

支持教师自主发布公开课信息，发布公开课时需填写公开课名称、公开课级别、所属学科年级、上课时间、上课地点节次。如代创建校外公开课时还需填写学校名称及执教老师；需选择听课教师，确定是否需要评课；如需评课还需选择评课标准及评课截止时间；另可选择是否上传公开课教案等附件资料；发布成功后，支持创建人编辑及删除自己已创建的公开课；

（5）支持主管理员设置子管理员协助管理；

（6）支持管理员一键导入评课标准；

（7）支持管理员添加检查标准及编辑检查标准内容，如设置检查标准名称、设置检查项目名称、设置检查标准说明、设备检查项目是否评分；如需评分则设置分值、设置是否支持扣半分；支持与教师生长数据中心能量体系数据互通，教师参与听课、评课以及发布公开课之后，按照能量值管理模块规则自动发能量值。

（十四）教师课题与论文管理

1. 课题与论文统计

（1）支持教师查看课题统计和论文统计；

（2）支持教师切换学期查看统计数据；

（3）查看论文统计时，支持查看各级别（如：省级及以上、市级、区级、校级）论文的数量及占比情况；支持查看各学科的论文数量及占比情况（如：语文、数学、英语等）；支持查看论文发布数量排行榜；支持查看点赞热度排行榜；

（4）查看课题统计时，支持教师查看各级别（如：省级及以上、市级、区级、校级）课题数量及占比情况；支持查看各学科的课题数量及占比情况（如：语文、数学、英语等）。

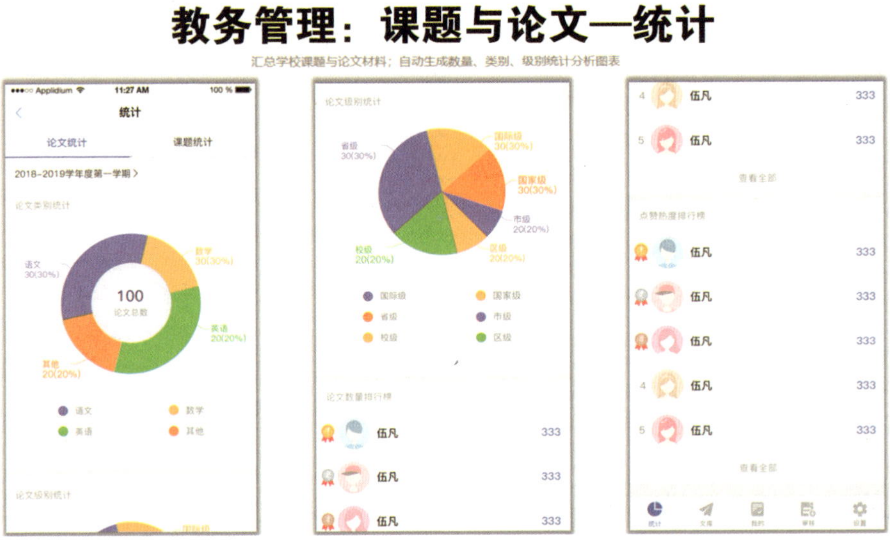

2. 课题与论文文库

（1）支持教师查看所有的课题与论文记录；

（2）支持教师按照课题名称、子课题名称、参与人等关键字搜索相关课题记录；

（3）支持教师按照标签项筛选相关课题记录，如：课题级别（省级及以上、市级、区级、校级），学科 、获奖状态；支持重置筛选项；

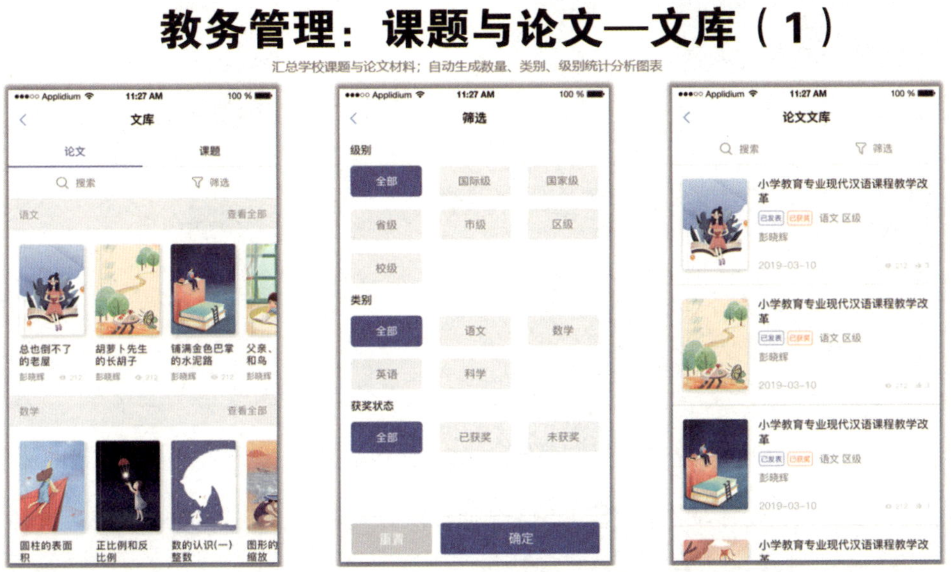

（4）支持查看课题详情，如：课题名称、课题级别、课题状态、课题概要；课题概要包含：课题负责人、课题参与人、开题时间、结题时间、课题论文数量、课题资料数量、进行中和已完结的子课题数量、课题简介信息、各子课题详情；

（5）子课题详情包含：子课题名称、课题状态、相关资料数量、子课题负责人、子课题参与者、开题时间、结题时间、子课题简介；

（6）支持教师查看论文详情，如：论文名称、发表人、论文级别、所属学科、所属子课题及课题、发布时间、论文简介等；支持教师在线预览论文内容及附件信息；支持教师查看论文发表信息，如：发表刊物名称、刊物级别、组织单位、刊物截图；支持教师查看论文获奖信息，如：奖项名称、奖项级别、奖项颁布单位、获奖时间、荣誉证书等；支持教师查看论文审核信息，如发起申请时间、审核时间及备注；支持教师对论文进行点赞操作，并查看点赞数量统计；

（7）支持教师查看课题材料详情，如：材料名称、发布人、所属子课题及课题、发布时间、材料简介等；支持教师在线预览材料内容及附件信息。

3. 我的课题与论文

（1）支持教师查看自己发布的课题和参与的课题；支持教师查看自己发布的论文，教师可按照待确认的和已确认的分类查看；

（2）支持查看课题详情，如：课题名称、课题级别、课题状态、课题概要；课题概要包含：课题负责人、课题参与人、开题时间、结题时间、课题论文数量、课题资料数量、进行中和已完结的子课题数量、课题简介信息、各子课题详情；

（3）子课题详情包含：子课题名称、课题状态、相关资料数量、子课题负责人、子课题参与者、开题时间、结题时间、子课题简介；

（4）支持教师查看论文详情，如：论文名称、发表人、论文级别、所属学科、所属子课题及课题、发布时间、论文简介等；支持教师在线预览论文内容及附件信息；支持教师查看论文发表信息，如：发表刊物名称、刊物级别、组织单位、刊物截图；支持教师查看论文获奖信息，如：奖项名称、奖项级别、奖项颁布单位、获奖时间、荣誉证书等；支持教师查看论文审核信息，如发起申请时间、审核时间及备注；支持教师对论文进行点赞操作，并查看点赞数量统计；

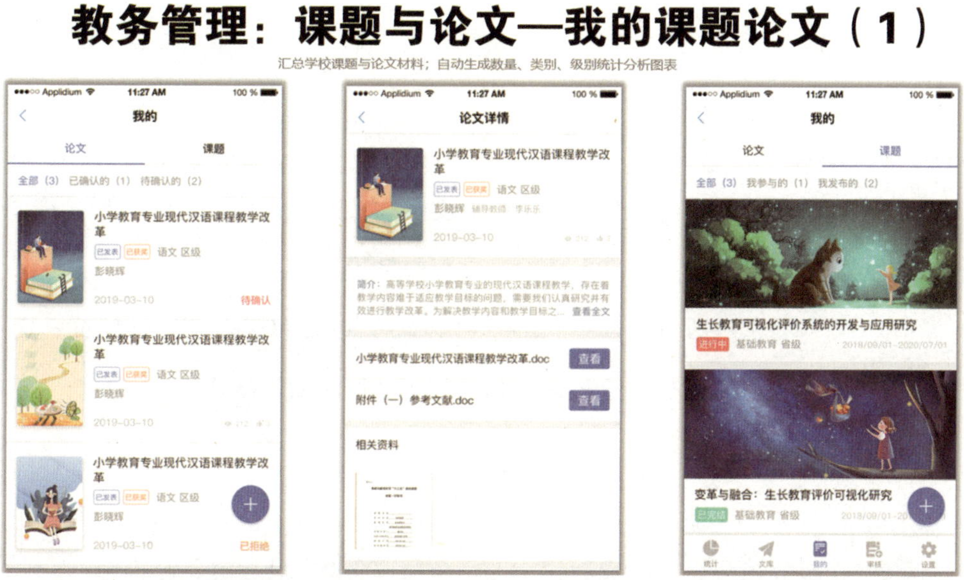

（5）支持教师查看课题材料详情，如：材料名称、发布人、所属子课题及课题、发布时间、材料简介等；支持教师在线预览材料内容及附件信息；

（6）支持教师发布课题信息，如：课题名称、课题级别、课题类型、课题负责人、课题参与人、课题简介；支持添加子课题信息；

（7）支持教师发布材料信息，如：材料名称、材料级别、材料类型、关联课题、上传资料附件及编辑概要信息说明；

教务管理：课题与论文—我的课题论文（2）

汇总学校课题与论文材料；自动生成数量、类别、级别统计分析图表

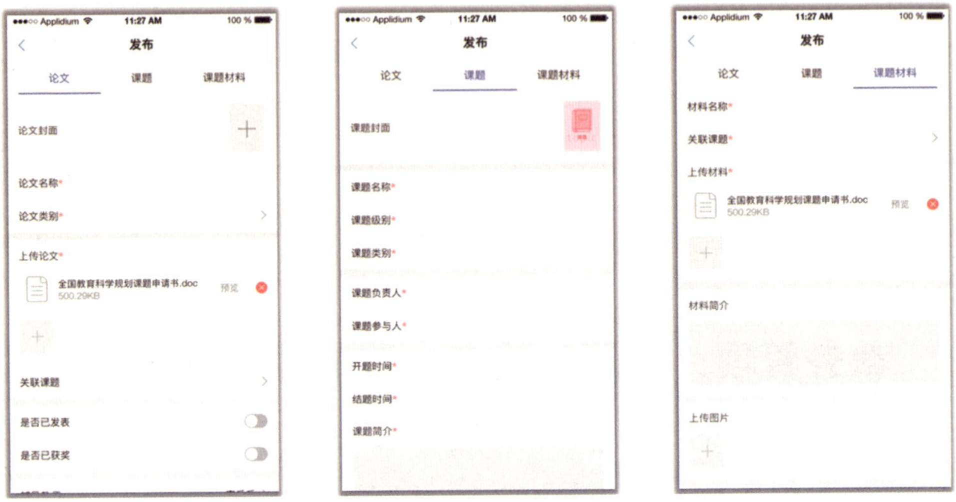

（8）支持教师发布论文信息，如：论文名称、论文级别、论文类型、论文奖项、获奖时间、关联课题、上传的论文材料和编辑概要说明；

（9）支持教师修改自己发布的课题和论文信息；支持教师删除课题或论文；删除课题或者论文后，奖励给负责人和参与者的能量值也将作回收处理。

4. 论文审核

（1）支持有权限的教师审核其他教师发布的论文；

（2）审核完成后，支持查看论文的审核状态，如：已通过、已拒绝；

（3）拒绝审核时需要提交拒绝理由；

（4）支持有审核权限的教师对待审核论文进行批量审核操作；

（5）支持主管理员设置子管理员协助管理；

（6）支持管理员设置教师的审批权限，无审批权限的教师无法看到“审核”页面；

（7）支持与教师生长数据中心能量体系数据互通，参与课题与论文的教师，根据参与的身份，按照能量值管理模块规则自动发放能量值。

教务管理：课题与论文—审核

汇总学校课题与论文材料；自动生成数量、类别、级别统计分析图表

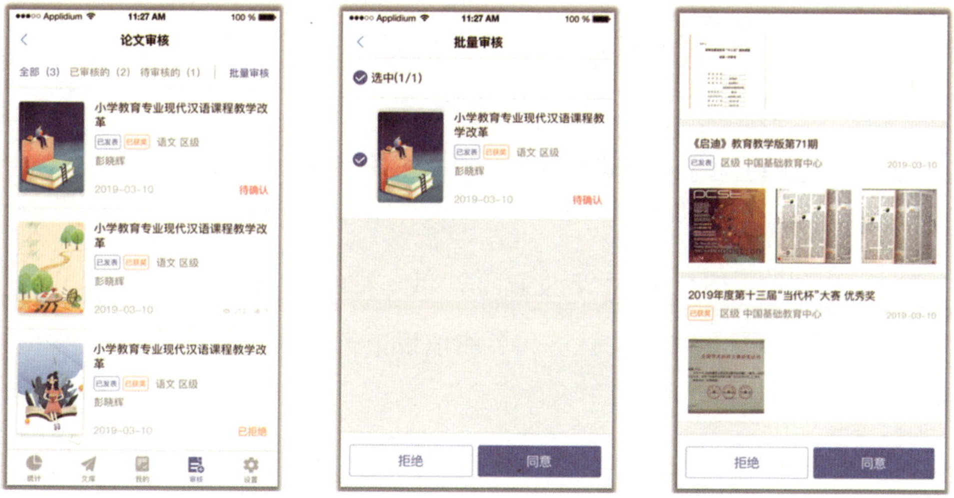

（十五）教师贡献填报管理

1. 教师贡献填报

（1）支持教师发起学校贡献申报；

教务管理：学校贡献填报—申请

专项统计教师在课程开发、学校活动开发、校园文化创新、教育科研等专项工作的开展情况

（2）贡献填报包含师徒互助申报记录、课程开发申报记录、名师及工作室申报记录、教育教学奖项申报记录、学校活动开发申报记录、校园文化创新申报记录、专项工作申报记录、班主任工作申报记录等；

（3）各填报申请支持上传图片及附件；

（4）教师提交后，各申报记录发送给指定的审核人员进行审核。

2. 教师贡献记录

（1）贡献填报记录分为“我发起的”“我审批的”“抄送我的”三大类；

（2）教师默认可查看与自己相关的填报记录，即“我发起的”“我审批的”“抄送我的”；

（3）“我发起的”记录可实时查询当前状态，待确认、已通过或已拒绝；处于待确认状态时，教师可进入编辑状态进行内容的修改；也可取消申请；

（4）有审批权限的教师可在“我审批的”页面审核各教师提交的申请记录；支持对多外申请记录进行批量审批；

（5）“抄送我的”页面可查看相关的贡献申请记录；

（6）支持通过搜索、筛选按类型、时间查找相应的申请记录。

3. 教师贡献统计

（1）支持自动对教师的师徒互助申报记录、课程开发申报记录、名师及工作室申报记录、教育教学奖项申报记录、学校活动开发申报记录、校园文化创新申报记录、专项工作申报记录、班主任工作申报记录等进行统计分析；

（2）支持按时间段、教师人员范围统计各项贡献填报记录的数量及记录清单；

（3）支持有全校查看权限的教师，查看所有填报记录的详情。

4. 教师贡献设置

（1）支持主管理员设置子管理员协助管理；

（2）支持管理员设置具有全校查看权限的教师名单；

（3）支持管理员设置贡献填报的类型，如：教育科研、活动开发、班主任事务等；

（4）支持管理员修改师徒互助申报、课程开发申报、名师及工作室申报、教育教学奖项申报、学校活动开发申报、校园文化创新申报、专项工作申报、班主任工作申报等模板的填报项目及审批人员；

（5）支持管理员设置新的贡献填报模块及审批人；

（6）与教师生长数据中心能量体系数据互通，教师上报的贡献通过审核后，按照能量值管理模块规则自动发放能量值；

教务管理：学校贡献填报—设置

专项统计教师在课程开发、学校活动开发、校园文化创新、教育科研等专项工作的开展情况

（十六）教师教学常规检查管理

1. 教学常规检查统计

教务管理：教学常规检查—统计（1）

自动汇集部分教育教学数据，如听课次数、公开课次数、论文发表数量等；后台实时生成检查结果

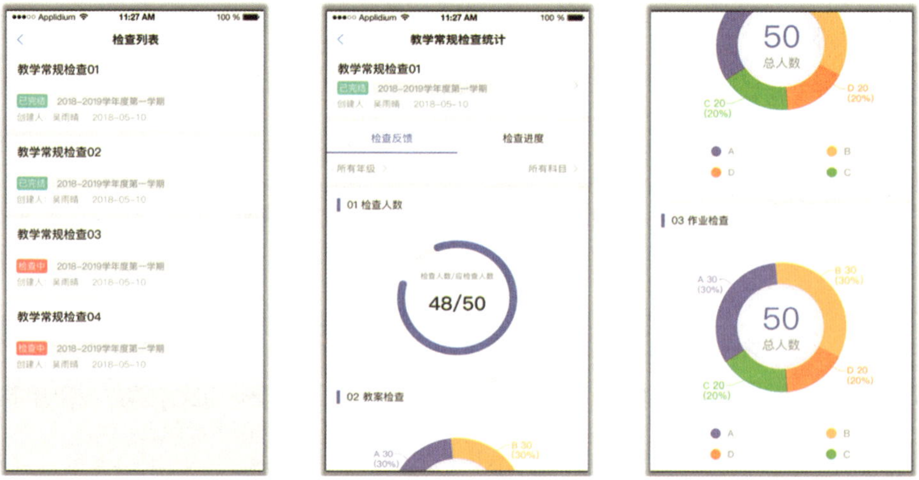

（1）支持教师进入教学常规检查列表查看历次检查信息（如：检查状态、检查名称、学期、创建人及创建时间），以及查看历次教学常规检查分析报表；如：检查分析报表和检查进度；

（2）系统支持默认快捷显示最后一次检查的统计详情；

（3）检查结果录入或导入后，后台自动生成该次检查的分析报表：

①支持查看全校或各班级、各学科应检人数、参检人数；教案检查等级分布及占比、作业检查等级分布及占比；

②支持按教师姓名、教案检查等级、作业检查等级的升序、降序方式查看各教师检查结果详情；各教师详情包含：教案检查整体评定等级，如A、B、C、D；教案各分项，如教材处理、目标明确层次分明、创设学习情境等检查项的等级，以及评定说明；作业检查整体评定等级；作业各分项，如布置作业次数、批改作业次数、书写情况、订正情况等检查项的等级，以及评定说明；

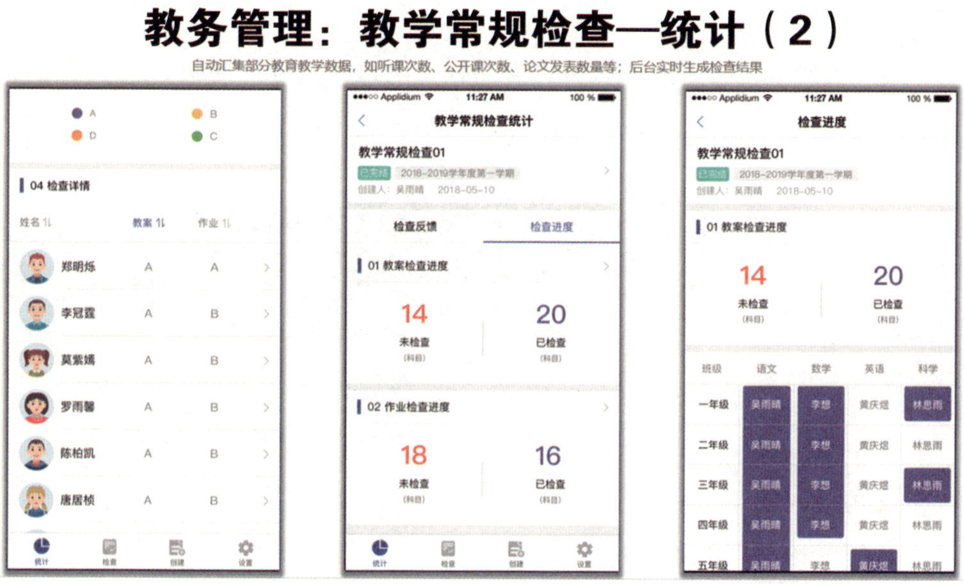

（4）支持教师查看检查进度，如：教案检查进度、作业检查进度；检查进度显示已检查、未检查教师名单。

2. 教学常规检查填报

（1）支持有检查权限的教师对自己负责的年级、学科的教学常规进行检查；

（2）支持有检查权限的教师查看需检查的班级、学科的检查进度及百分比，如：已登分人数、未登分人数；

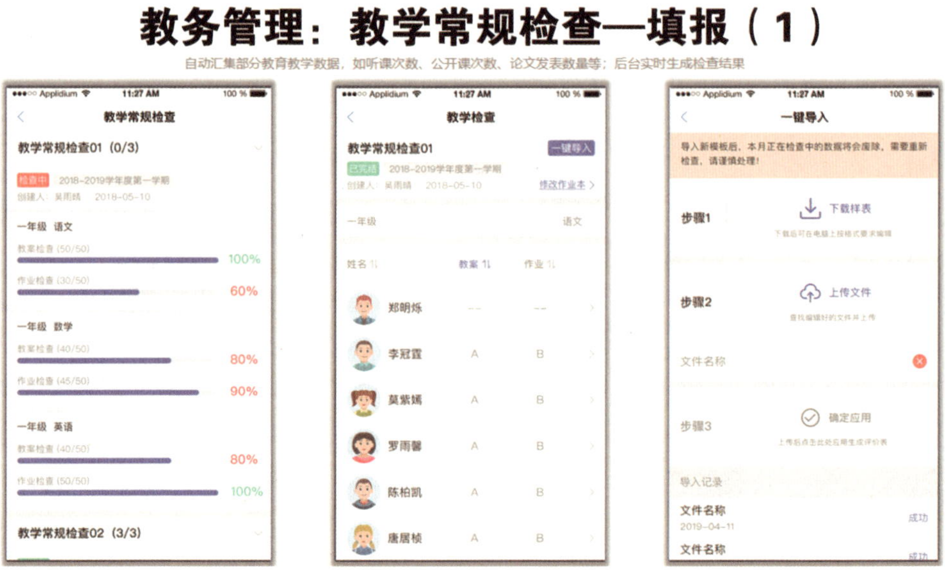

（3）涉及作业检查的，开始检查前需由有检查权限的教师设定该年级、学科需检查的作业本名称，如拼音本、写字本、写话本、知识与能力训练等；设定好后支持再次编修改；

（4）支持有检查权限的教师一键上传表格导入检查结果；

（5）支持对各教师的教学常规检查项进行等级评定；系统默认各检查项为A，支持检查的教师进行等级评定操作；

（6）支持填写评定说明；

（7）所有检查项填写完成后点击提交，系统自动汇总各检查项的得分，并生成该教师对应的等级。

3. 创建教学常规检查

（1）支持教师分两步完成考试创建：设置检查范围、设置检查权限；

（2）第一步，设置检查范围：需要教师输入检查名称、选择所属学期（默认为当前学期）、选择检查时间、选择检查科目、年级及检查项目（教案检查、作业检查）；

教务管理：教学常规检查—检查

自动汇集部分教育教学数据，如听课次数、公开课次数、论文发表数量等；后台实时生成检查结果

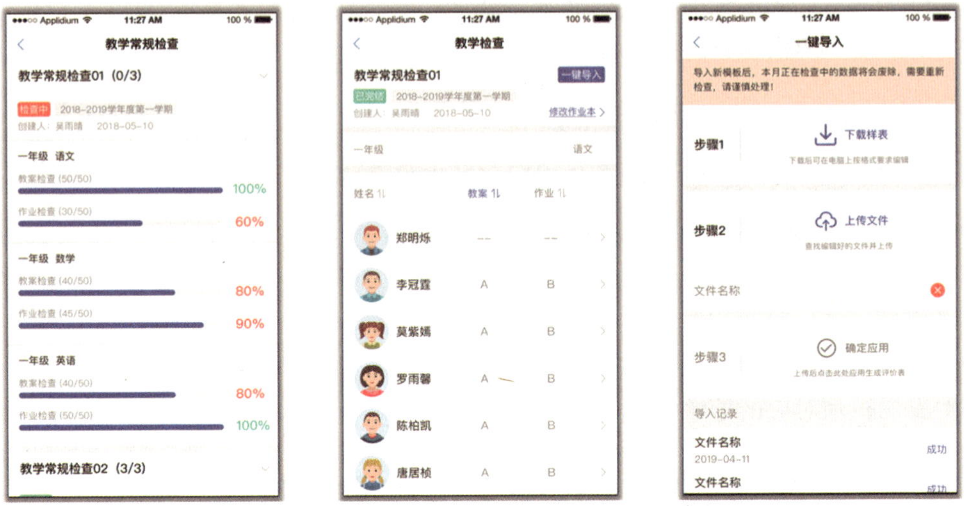

（3）第二步，设置检查权限：支持教师“按年级、学科指定某一组人检查”“指定一组人检查所有人”两种方式设置检查权限；

（4）支持教师查看创建的检查列表，管理已创建的教学常规检查信息，如：检查名称、检查范围等；

教务管理：教学常规检查—创建

自动汇集部分教育教学数据，如听课次数、公开课次数、论文发表数量等；后台实时生成检查结果

（5）支持教师查看检查进度，如：教案检查进度、作业检查进度；检查进度显示已检查、未检查教师名单；

（6）支持主管理员设置子管理员协助管理；

（7）支持设置检查项目类别，如：教案检查、作业检查等；支持设置检查项内容，如教材处理、目标明确层次分明、创设学习情况、专注学生的知识经验、注重学习习惯和能力的培养等，并注明等级评定标准；

（8）支持对检查内容进行修改及排序，便于调整检查项的位置；

（9）支持与教师生长数据中心能量体系数据互通，根据教师评价等级，按照能量值管理模块规则自动发放能量值。

第四章

校园基础数据平台

（一）校园基础数据平台

1. 学校初始化管理

（1）设置及修改学校全称、简称、对外联系方式及 LOGO 等信息；

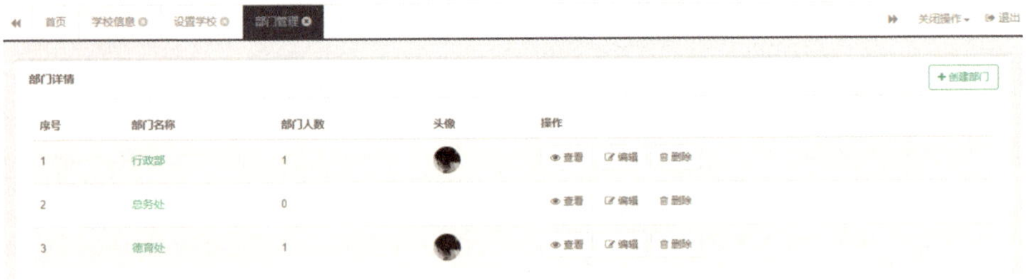

（2）修改及设置部门、年级、班级、学科等信息；

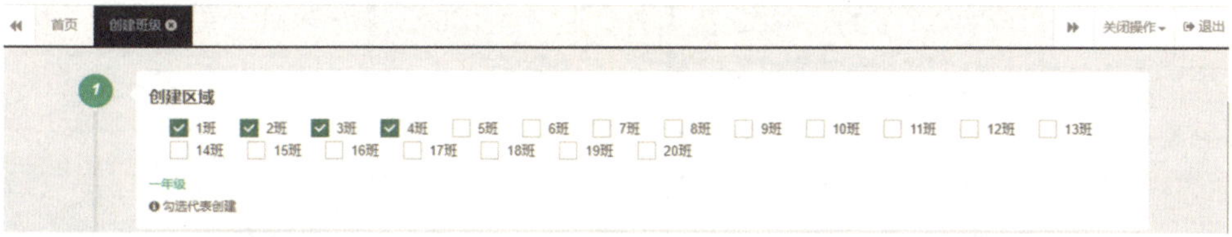

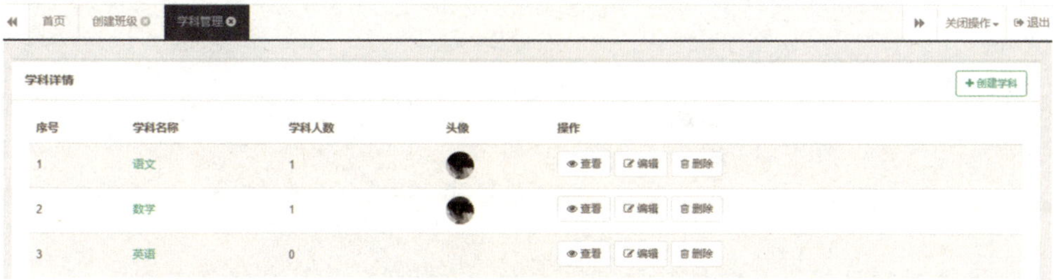

2. 学期转结管理

（1）修改及设置学年度、学期；

（2）在学期末实现学期转结，转结后针对上下学期以及跨学年学期的特性，将部分文档存档并开启新学期档案；

（3）跨学年的学期转结后，学生年级、班级信息自动升级。

3. 学生学籍导入管理

（1）对接学籍管理系统，实现学生学籍信息的导入，以便在系统中对学生进行管理；

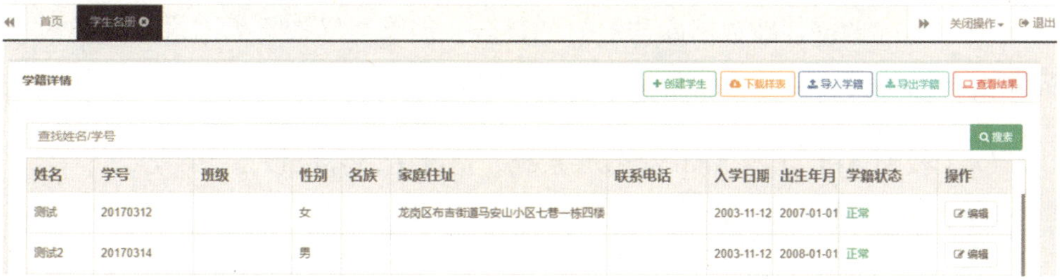

（2）除每学年新增的一年级新生外，已有学籍可进行学籍变更操作。

4. 帐号权限管理

（1）对教师、学生、家长帐号进行权限分配；

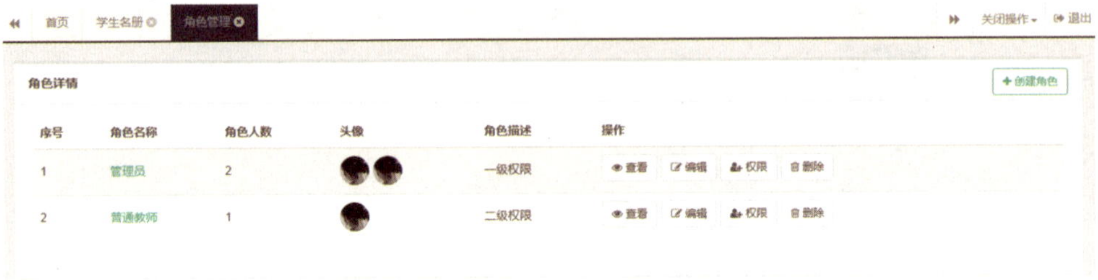

（2）对教师帐号及家长帐号进行查询、有效性、密码重置等维护管理；

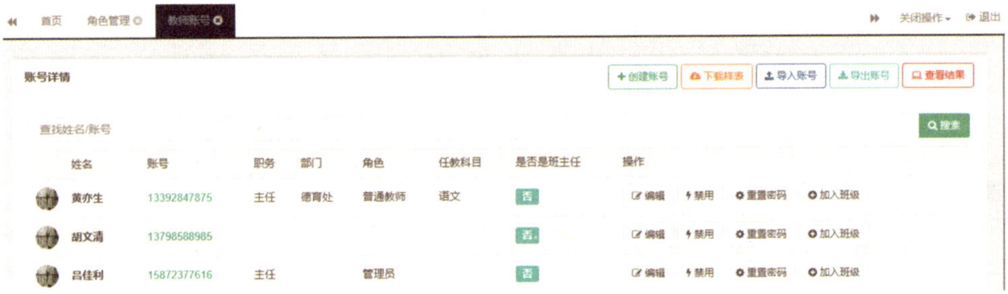

（二）移动 APP 框架整合

1. 教师 APP 框架整合

（1）支持通过钉钉获取学校基础数据库，识别学校教师身份，实现后台自动创建学校通讯录、部门组织架构等；

（2）支持教师用户通过嵌入到钉钉的工作台主页面，进入学校教学管理的各项功能应用；

（3）通过学校基础数据库与钉钉的整合，能够与学校之后引进的其他信息化服务、硬件设备系统解决方案进行账号互通；

（4）教师 APP 兼容 Android/IOS 系统，适配主流移动设备；

（5）支持注册、登录、退出、消息推送、更新等系统功能。

教师APP框架

进入主页面后，点击“我的”>“设置”>“退出登录”

2. 家长 APP 框架整合

（1）支持切换多个学生身份，以查看各个学生的成长记录数据；

（2）支持添加绑定新的学生信息，以查看该学生的成长记录数据；

（3）支持查看并修改用户个人资料，如：上传头像、设置用户名等；

（4）支持查看并修改已绑定学生的个人资料，如：上传头像、修改生日、查看学生学号及所在班级等；

（5）家长 APP 兼容 Android/IOS 系统，适配主流移动设备；

（6）支持注册、登录、退出、消息推送、更新等系统功能；

家长APP框架

按照学校学号，添加学生姓名与学号，并关联家长身份，绑定孩子信息